¡INEXTINGUIBLE!

Por David Mayorga

Traducido por Aidé Mejias Lugo
Copyright © 2020 by David Mayorga
All rights reserved.

Publicado por

www.shabarpublications.com

Tabla de Contenido

Endosos 4

Prefacío 7

Introducción 9

PARTE 1: ¡Creados Para Quemar! 14

Capítulo 1: Primero es lo Primero:
¡Dios es Fuego Consumidor! 15

Capítulo 2: ¡La Lámpara Debe Arder Continuamente! 21

Capítulo 3: ¡El Altar y el Fuego de Dios! 29

Capítulo 4: ¡La Expresión de Luz! 39

Capítulo 5: ¡Atendiendo a la Expresión! (Parte 1) 47

Capítulo 6: ¡Atendiendo a la Expresión! (Parte 2) 54

PARTE II: ¿Que Le Sucedio al Fuego? 61

Capítulo 7: ¿A Dónde Se Fue el Fuego? 62

Capítulo 8: Sansón: ¡El Hombre Que Reveló
Su Corazón al Diablo! 68

Capítulo 9: Rey Salomón: ¡El Hombre Que No Se
             Separó Para Dios!'. 83

Capítulo 10: ¿Qué Le Pasó al Rey Uzías? 95

Capítulo 11: Judas Iscariote: ¡El Hombre Que Nunca
             Entró en el Fuego de Dios! 105

Capítulo 12: Demas: ¡El Hombre Que Abandonó a
             Dios Por Este Mundo Presente! 113

PARTE III: El Apóstol Pablo: ¡Un Hombre de Fuego! 122

Capitulo 13: Saulo de Tarso:
             ¡Viviendo Una Vida de Fuego Sin Vida! 123

Capítulo 14: El Apóstol Pablo: ¡Un Fuego Sin Límites! . . . 131

Capítulo 15: ¡Secretos Detrás de Un Hombre de Fuego! . . . 139

Capítulo 16: "¡Déjame Arder Para Dios!" 145

Información de Ministerio 152

Otros Libros Escritos por David Mayorga 153

Endosos

"No tenemos que vivir con un corazón frio. Jesús nos ha dado todo lo que necesitamos para arder de amor por el todos los días. En este libro, David presenta los pasos prácticos que podemos tomar para mantener ardientemente el fuego de nuestra pasión por Jesús! !Prepárate para quemar!"

-Bob Sorge, Autor, Secretos del Lugar Secreto

"En una época en la que hay tantas distracciones y tentaciones en la vida, el lindo de David Majorca nos recuerda la necesidad de acercarnos a Dios. David es un buen amigo y he sido testigo de su corazón de compasión y aliento. Ese mismo corazón surge a través de las paginas de este libro que nos anima a acercarnos mas a Dios. ¡Que todos nos enamoremos de Jesús de Nuevo y permitamos que El refine purifique nuestros corazones!"

-Tom Wilhoit, Pastor Principal
The Believer's Church
Sarasota, Florida

Endosos

"Conozco al pastor David Mayorga desde hace muchos años y aprecio su unción y ministerio. Su enseñanza no es para los débiles de corazón. Este no es un mensaje para el creyente blando, cómodo o poco dedicado. Estas son enseñanzas de romper, apretar, cavar, buscar y sufrir para que salga lo mejor de Dios en ti. Coraje, fe y confianza es lo que aprendes de las palabras de David. ¡Que sea bendecido y quebrantado!"

-Deborah Hopwood, Pastora Líder
Centro Cristiano Oasis de Esperanza
H. Matamoros, Tamaulipas, México

"Conozco al pastor Dave Mayorga desde hace 20 años y cada año veo a un hombre mas ardiente por el Señor que el primer día que lo conocí. ¡Inextinguible! es mas que un libro, es el corazón de Dios. ¡Inextinguible! hará que tu mires tu propia vida y veas si el fuego por las cosas de Dios están frescas y aun están ardiendo, lo se yo lo hice.

-Tom Carubba, Pastor Principal
Hosanna World Changers
Brownsville, Texas

Endosos

"El ultimo libro de David Mayorga, "!Inextinguible!" es lectura obligada para quienes necesitan y desean el fuego de Dios en sus vidas personales. Su libro da al seguidor de Jesucristo un enfoque claro, preciso, estimulante y sobre todo practico de este mensaje urgente. ¡Este mensaje no es una sugerencia, sino la preferencia de Dios! El escritor del himno escribió: Déjame quemar por ti, querido Señor, quemar y desgastar por ti."

>-Gerardo Salmerón, Pastor Principal
>Iglesia Casa de Oración,
>McAllen, Texas

"El pastor David por el Espíritu de Dios nos desafía en este libro ¡Inextinguible! a hacer una pausa y examinarnos a nosotros mismos. Es una gran tentación enfocarnos en lo externo y descuidar la condición de su corazón. Cuando hay un desconexión con el fuego, lo sabrá. Este libro para mi es el fundamento del verdadero avivamiento personal y corporativo. Gloria a Dios, que siempre ha despertado a hombres como David para provocarnos a caminar mas profundamente con Dios. Cuando estamos en llamas, podemos cambiar el mundo y esa es nuestra misión. Tenemos acceso a el fuego que puede cambiar el mundo".

>-Fred Kasule, Pastor
>Go International Foundation
>Kampala, Uganda, África

Prefacío

Una vez mas en su último libro ¡INEXTINGUIBLE! David Mayorga nos lleva detrás de la palabra impresa de la palabra viva. Una de las artes perdidas del creyente promedio es la de la meditación.

Alguien comparo la meditación con una vaca rumiando. La vaca primero consume una gran cantidad de hierba, luego se acuesta y la vomita para volver a masticarla. Esta segunda masticación es similar al acto de meditación.

Muchos creyentes leen grandes porciones de la palabra y no regresan y toman tiempo para reflexionar sobre lo que han leído.

El antiguo autor de himnos lo expreso de esta manera:

Parte el pan de vida,
Querido Señor, para mi,
Como partiste los panes
Al lado de mar;
Mas allá de la pagina sagrada
Te busco, Señor;
Mi espiritu jadea por ti,
Oh palabra viva.

Prefacio

El título ¡INEXTINGUIBLE! se refiere a Dios mismo como el 'fuego que todo lo consume'.

El fuego fascina y aterroriza, empodera y purifica, conforta y consume, ilumina y devuelve. Dios se nos revela de muchas formas diferentes. El desea consumir nuestra naturaleza carnal, iluminar nuestro entendimiento, ablandar nuestros corazones, consolar nuestras almas y nos fascina su asombrosa gloria.

En este maravilloso libro, David Mayorga explica como recibir y mantener el fuego de Dios, pero también como los grandes lideres bíblicos fallaron en mantener su fuego y por lo tanto lo perdieron.

Finalmente, ¡INEXTINGUIBLE! se centra en la vida del apóstol Pablo y revela como un fariseo celoso, no pudo lograr nada hasta que tuvo un encuentro personal con el Dios del fuego que transformo total y radicalmente su vida y ministerio. ¡INEXTINGUIBLE! abrirá muchas de estas maravillosas verdades.

Vale la pena leerlo, pero lo mas importante es que vale la pena meditar. Como el apóstol Pablo, tu también puedes experimentar este fuego transformador.

-David Ravenhill, Autor, Profesor Intenerante
Siloam Springs, Arkansas

Introducción

El título de este libro es ¡Inextinguible! De acuerdo al diccionario de Oxford, la palabra inextinguible se describe así: No se puede extinguir ni apagar. i.e. 'una pequeña vela inextinguible.' Escuche los sinónimos: incontenible, insaciable, imperecedero, indestructible, inmortal, inquebrantable, infalible, incesante, duradero, eterno, persistente, incesante.

Imagina en tu mente una vela o una lámpara que arde sin cesar. No puede darse el lujo de morir, así que no lo hará porque no puede.

Es con este corazón que se ha escrito este libro. Para empoderar y liberar a aquellos que nunca han ardido por Jesús; para restaurar a aquellos que en un tiempo ardieron brillantes por Jesús, pero que han perdido el fuego debido a varias razones. Y seguir avivando la llama sobre los que arden con pasión por Jesús, ¡los inextinguibles!

Entonces, sucedió…

Fue el 26 de noviembre de 2017, mientras visitaba San Antonio, Texas y celebraba mi cumpleaños, que desperté temprano en la mañana para agradecer al Señor por darme un año mas de vida y expresarle mi adoración, que Dios me visito de una manera

Introducción

poderosa.

Mientras pasaba tiempo con Jesús en el lugar secreto y le agradecía por mi suerte en la vida y los 52 años de vida preciosa que me había otorgado, e hice una pregunta al Señor: "¿Cómo es un hombre de cincuenta y dos años, para ti? No me pregunten por que estaba preguntando eso, pero Dios sabia por que, estoy seguro. Mientras esperaba la respuesta del Señor, esto es lo que me mostro:

Me mostro una visión de una lámpara. La lámpara parecía un poco vieja y rustica. Era como esas lindas lámparas antiguas que la gente compra y coloca como decoración. Escuche una voz que me decía: *"Se que estas tratando de adivinar cuantos años tiene esa lámpara"*. Dije: *"Muy cierto Señor"*. El Señor procedió a mostrarme la lámpara y dijo: *"¿Realmente importa cuantos años tiene una lámpara? ¿Es la lámpara realmente importante?* Mientras me sentaba y me preguntaba la respuesta del Señor, vi una mano que venia de alguna parte y encendía la lámpara.

Entonces la lámpara comenzó a arder con tal brillo, ¡porque el fuego en ella era brillante e intenso! Después de que la lámpara estuvo ardiendo por un tiempo, el Señor me dijo: *"David, ¿Cuántos años crees que tiene el fuego?"* *"No lo se. Lo acabas de encender, ¿así que supongo que tiene unos minutos?"* Respondí. Entonces el Señor me dijo: *"David, mi fuego es una*

Introducción

llama eterna. Siempre está ardiendo. Siempre esta fresco. Siempre es nuevo. No se trata de cuan valiosa es la lámpara, sino de cuan fresco es el fuego!" Se puede ser tan fresco y tan nuevo como me dejas arder dentro de ti." Fin de mi visión.

Esto es lo que aprendí del Señor: No importa que tan viejo o nuevo creas que eres; no importa lo grande o pequeño que creas que puede ser; y no importa como otras personas te vean o te hagan parecer, ¡lo único que importa es lo que Dios piensa de ti!

Vivimos y servimos a un Dios de lo imposible. ¡El tomara lo que le ofreces y luego lo multiplicará en un millón de formas milagrosas! El padre Abraham es un ejemplo principal de una lámpara encendida para Dios.

Después de que el y su esposa Saraí pasaron de la edad de tener hijos, Dios le dio una palabra de que darían a luz un hijo. Seria el hijo de la promesa. Escuche el testimonio de esta lámpara encendida como se demuestra en Romanos 4:16-22: **"Por tanto, es por fe, para que sea por gracia, fin de que la promesa sea firme para toda su descendencia; no solamente para la que es de la ley, sino también para la que es de la fe de Abraham, el cual es padre de todos nosotros (como esta escrito: Te he puesto por padre de muchas gentes delante de Dios, a quien creyó, el cual da vid a los muertos, y llama las cosas que no son, como si fuesen. El creyó en esperanza contra esperan-**

Introducción

za, para llegar a ser padre de muchas gentes, conforme a lo que se le había dicho: Así será tu descendencia. Y no se debilito en la fe al considerar su cuerpo, que estaba ya como muerto (siendo de casi cien anos, o la esterilidad de la matriz de Sara. Tampoco dudo, por incredulidad, de la promesa de Dios, sino que se fortaleció en fe, dando gloria a Dios, plenamente convencido de que era también poderoso para hacer todo lo que había prometido; por lo cual también su fe le fue contada por justicia." Abram "...no considero su propio cuerpo, ya muerto..." ¡Ni siquiera pensó dos veces en que era naturalmente incapaz de tener hijos a esa edad! El simplemente "...no vacilo ante la promesa de Dios por incredulidad, sino que fue fortalecido en la fe..."** Esta es definitivamente una referencia bíblica de alguien que después de muchos años de caminar con Dios, todavía ardía con fe y deseo de ver las promesas de Dios cumplidas. Aparte de las muchas pruebas que le sobrevino en la vida, Abraham recordó ¡inextinguible! Si, "la lámpara" [su cuerpo] era viejo - pero no el fuego en el. ¿Ves esto?

Entonces, para mi cumpleaños, además de los obsequios especiales que recibí, el Señor también me dio un obsequio: una visión de una lámpara encendida y ¡oh si, el tema de este manuscrito, llamado Inextinguible!

Esta visión me ha puesto en un nuevo curso de responsabilidad. Aquí esta mi nueva oración junto con la del rey David: **"Oh**

Introducción

Dios, me enseñastes desde mi juventud, Y ahora hasta he manifestado tus maravillas. Aun en la vejez y las canas, oh Dios, no me desampares, Hasta que anuncie tu poder a la posteridad, Y tu potencia a todos los que han de venir." (Salmos 71:17-18)

Por la gracia de Dios, me ha propuesto permanecer en llamas por el resto de mis días. Definitivamente, esto comienza con una elección voluntaria y se sustenta en una elección voluntaria: mi vida será una lámpara encendida para las generaciones venideras para la gloria de Dios. ¡Mi mente y corazón están dispuestos!

En este escrito he visitado muchas escrituras, testimonios y experiencias de vida practica para sacar a relucir este estilo de vida inextinguible del que estoy hablando y sobre el que estoy enseñando.

Mi oración es que una vez que ya haya leído estas notas, su vida sea también una llama eterna que arde para Jesús en un mundo oscuro y frio.

-*David Mayorga*, Director de Ministerios Masterbuilder, Inc.
 Palmhurst, Texas

PARTE 1

¡CREADO PARA QUEMAR!

Capítulo 1

Primero es lo Primero: ¡Dios es Fuego Consumidor!

" Así que, recibiendo nosotros un reino inconmovible, tengamos gratitud, y mediante ella sirvamos a Dios agradándole con temor y reverencia; Porque nuestro Dios es fuego consumidor." (Hebreos 12:28-29)

Cuando reflexionamos en lo que es el fuego y en lo que potencialmente puede hacer, descubrimos que sirve ya sea para bien o para mal. Todo depende en cómo lo uses.

En el mundo físico natural en el que vivimos podemos ver el fuego en una forma positiva o negativa. Puedes usar el fuego para cocinar y preparar deliciosas comidas o lo puedes usar para destruir un bosque lo cual no es algo bueno hacer.

En el mundo espiritual, el fuego es una característica de la naturaleza de Dios. Las escrituras dicen que Él es fuego consumidor.

En el Antiguo Testamento cuando Moisés hablo al pueblo de Dios, Israel, el exhorto a los hijos de Dios diciéndoles que Dios es fuego consumidor y que debe ser reverenciado y temido.

Escuchen la advertencia de Moisés al pueblo de Dios respecto a el pecado de idolatría y lo que Dios tiene que decir al respecto: **"Guardaos, no os olvidéis del pacto de Jehová vuestro Dios, que él estableció con vosotros, y no os hagáis escultura o imagen de ninguna cosa que Jehová tu Dios te ha prohibido. Porque Jehová tu Dios es fuego consumidor, Dios celoso."** (Deuteronomio 4:23-24)

En el Nuevo Testamento, el escritor hebreo también repitió las palabras de Moisés a los discípulos de Jesús diciendo: **Mirad que no desechéis al que habla. Porque si no escaparon aquellos que desecharon al que los amonestaba en la tierra, mucho menos nosotros, si desecháremos al que amonesta desde los cielos. La voz del cual conmovió entonces la tierra, pero ahora ha prometido, diciendo: Aún una vez, y conmoveré no solamente la tierra, sino también el cielo. Y esta frase: Aún una vez, indica la remoción de las cosas movibles, como cosas hechas, para que queden las inconmovibles. Así que, recibiendo nosotros un reino inconmovible, tengamos gratitud, y mediante ella sirvamos a Dios agradándole con temor y reverencia; porque nuestro Dios es fuego consumidor.** (Hebreos 12:25-29)

Primero es lo Primero: ¡Dios es Fuego Consumidor!

A medida que desarrollamos el tema del fuego, tenemos que entender que Dios es el mismo ayer, hoy, y por todos los siglos. Él es amoroso y compasivo, pero Él es también un Dios de orden y juicio. Él es ambos. ¡Dios no comprometerá su santidad!

A menudo la gente siente que Dios está enojado y que quiere destruirlos a todos; esto es lo que el enemigo talvez quiere que tu pienses, pero es una absoluta mentira del diablo. Dios no está enojado, pero es compasivo. Él quiere tocar tu vida y restaurarla a su propósito original. Pero para que eso suceda Él debe lidiar con el pecado en nuestros corazones.

Es por eso que Jesús vino a la tierra; para vivir y morir en la cruz. A través de su sangre derramada encontramos remisión de pecado y aceptación por parte de nuestro amoroso padre celestial. Es cuando el Padre nos escucha suplicando la sangre de Jesús sobre nuestras vidas pecaminosas, y nos perdona y abraza como suyos. Esta es la verdadera adopción. Somos adoptados en la familia de Dios.

La palabra "fuego consumidor" es usada para describir la naturaleza de Dios. Él puede llenarte de su glorioso fuego, o puede juzgarte por tu disposición a seguir viviendo en el pecado y la corrupción. ¡Él es fuego consumidor!

Para añadir más acerca de Dios como fuego consumidor, la biblia también habla de la gloria y santidad de Dios como fuego devorador. Escucha lo que dice en Éxodo 24:16,17- **"Y la gloria de Jehová reposó sobre el monte Sinaí, y la nube lo cubrió por seis días: y al séptimo día llamó a Moisés de en medio de la nube. Y el parecer de la gloria de Jehová era como un fuego abrasador en la cumbre del monte, a los ojos de los hijos de Israel."** Esta parte del fuego de Dios sería una característica positiva.

Ahora, el juicio de Dios también se describe como un fuego consumidor para destruir a los enemigos de Israel en la tierra prometida. Deuteronomio 9:3 dice: **"Entiende, pues, hoy, que es Jehová tu Dios el que pasa delante de ti como fuego consumidor, que los destruirá y humillará delante de ti; y tú los echarás, y los destruirás en seguida, como Jehová te ha dicho."**

En su amor, el fuego de Dios consumirá todo lo que no sea parte de su santo propósito para tu vida. El no tolerara el mal y nada que sea contrario a su naturaleza. ¡Es su naturaleza ser Santo!

Expuesto a La Ira de Un Pecado Que Dios Odia

Toda persona que no ha entrado al reino de Dios por la

sangre de Jesús, permanece expuesta a la ira justa de un Dios que odia el pecado con pasión. No es de extrañar que algunos pecadores tiemblen al pensar en el juicio inminente de Dios.

Es vital que aquellos que siguen a Dios entienden que Dios es fuego consumidor. Él derramará Su fuego sobre el creyente y lo hará brillar con Su gloria, o soltará su fuego sobre el pecador y lo juzgará por su continuo rechazo del amor y la misericordia de Dios.

El Fuego Que Purifica

A lo largo de la Escritura, el fuego también a menudo tiene la idea general de purificar o juzgar en varios momentos. Jesús incluso usó la idea de "vida eterna" en dos ocasiones en historias relacionadas con el juicio sobre los no creyentes.

Mire San Mateo 18:8 y también San Mateo 25:41.

El Señor también hizo llover fuego del cielo en juicio sobre Sodoma y Gomorra (Genesis 19:24). El fuego sirvió para ofrecer sacrificios en el Antiguo Testamento. Moisés encontró a Dios en una zarza ardiente consumida por el fuego (Éxodo 3). Fuego vino como un juicio sobre los egipcios, sin embargo, el Señor también guio al pueblo de Israel por el desierto en la noche con una columna de fuego. (Éxodo 13:22)

Si hay algo que quiero solidificar en estas notas es esto: Dios es fuego consumidor y arde perpetuamente. Nunca termina. Es su naturaleza y ardera por toda la eternidad. ¡Él es la llama eterna! **"Entonces vi el cielo abierto, y había un caballo blanco. El que lo montaba se llamaba Fiel y Verdadero, y con justicia juzga y pelea. Sus ojos eran como llama de fuego, en su cabeza tenía muchas diademas y tenía escrito un nombre que ninguno conocía sino él mismo. Estaba vestido de una ropa teñida en sangre y su nombre es: La Palabra de Dios. Los ejércitos celestiales, vestidos de lino finísimo, blanco y limpio, lo seguían en caballos blancos. De su boca sale una espada aguda para herir con ella a las naciones, y él las regirá con vara de hierro. Él pisa el lagar del vino del furor y de la ira del Dios Todopoderoso. En su vestidura y en su muslo tiene escrito este nombre: REY DE REYES Y SEÑOR DE SEÑORES."** (Apocalipsis 19:11-16)

Capítulo 2

¡La Lampara Debe Arder Continuamente!

"Habló Jehová a Moisés, diciendo: Manda a los hijos de Israel que te traigan para el alumbrado aceite puro de olivas machacadas, para hacer arder las lámparas continuamente. Fuera del velo del testimonio, en el tabernáculo de reunión, las dispondrá Aarón desde la tarde hasta la mañana delante de Jehová; es estatuto perpetuo por vuestras generaciones. Sobre el candelero limpio pondrá siempre en orden las lámparas delante de Jehová." (Levítico 24:1-4)

Si había una orden particular que Dios le dio a Moisés, era esta particularmente con respecto a la lampara dentro del tabernáculo. La lampara debía mantenerse encendida continuamente y el Señor dio instrucciones a Moisés sobre cómo hacer esto.

Cuando reflexiono sobre las Escrituras, mi mente y corazón rápidamente se dirigen a la responsabilidad que tenia el sacerdote de asegurarse de que la lampara nunca se apagara. ¿Te imaginas asegurándote todos los días de que haya una llama encendida en la lampara?

La responsabilidad de mantener esta lámpara encendida continuamente tenía que estar en la mente de estos sacerdotes. Nunca he leído lo que realmente sucedería si esta lampara dejara de arder. Pero era algo que simplemente no sucedería. Dios dijo **"Mantenerla ardiendo continuamente."**

¡Y lo hizo!

A menudo he hablado con creyentes cristianos sobre el fuego de Dios, de como es necesario en nuestras vidas y como es de impacto en otras personas - si se mantiene ardiendo. La respuesta suele ser la misma: *"Pastor David, ¡no es fácil mantener el fuego encendido! Es que pasamos por tantas pruebas y a veces, nos desanimamos."* Otros han dicho: *"Tengo días en los que ardo; ¡también días en los que estoy frio!"*

Mis amigos: el fuego de Dios permanece ardiendo en ustedes, todo esta en el proceso de mantenerlo ardiendo. Echemos un vistazo más profundo.

Comienza con Los Olivos.

El fruto del fuego de la lampara comienza con los olivos, ¿Qué hay en el fruto del olivo?

El mandamiento declaraba que el fruto del olivo debía ser traída y prensadas, para que se le pudiera sacar el aceite. Fue el aceite el que hizo posible que surgiera la llama en la lampara. En otra palabra sin el fruto, no hubiera aceite; sin aceite no hubiera llama en la lampara.

El fruto del olivo fue llevado a la prensa y allí fueron presionadas. La palabra presionada proviene de la palabra hebrea "Kathith" que significa golpeado.

Fue a través de este proceso que el aceite de oliva se recogió al menos en la antigua Nazaret.

Como creyente uno debe tener una comprensión real de este proceso: La aceituna se cosecha a mano. A medida que uno atraviesa los olivos durante la temporada de cosecha (agosto-noviembre), los recogerá y los llevará a una canasta para luego prensarlos.

Cuando Dios visita nuestra vida, ya sea a través de una palabra directa del Señor a través de un profeta, Su Palabra o un sueño/visión, podemos comenzar a tener la sensación de que Dios esta intentando hacer algo sobrenatural en nosotros. Debemos estar atentos a estos tratos.

La aceituna es entonces procesada en este primer prensado que la aceituna se tritura hasta formar una pasta. Después de que se ha triturado hasta formar una pasta, se lleva a otra prensa (una prensa mucho más dura), esto es cuando sale el aceite del proceso.

La primera prensa es el mejor aceite, las primicias. Este aceite se usa generalmente en el templo con fines sacerdotales, por ejemplo, para iluminar el Menorah.

El segundo aceite prensado se usó para alimentos, medicinas, perfumes y cosméticos.

La tercera y ultima prensa se usaba habitualmente para lampara y jabón.

Comenzó con Aaron, ¡Ahora la Responsabilidad es Nuestra!

•*Presentarnos como aceitunas para ser prensadas[abatidas].*

Una vida de redención total. ¿Qué es una vida de total redención? Bueno básicamente, vivir una vida de rendición con un corazón totalmente consagrado a Dios para su uso. Las personas que viven vidas entregadas son personas que han aprendido a estar a las ordenes de Dios. Una vasija rendida del Señor es el tipo de individuo que no se conformara con nada menos que perseguir el corazón de Dios en todos los asuntos.

El rendimiento de tus derechos. ¿Qué constituye los derechos de una persona? Este es el tema con el que muchos creyentes luchan hoy.

¡La Lámpara Debe Arder Continuamente!

Ser capaz de discernir que es lo que Dios quiere de usted conserve y lo que El necesita que elimine generalmente presenta un gran problema para muchos.

El secreto de saber que guardar y que dejar ir se encuentra en la profundidad de la relación que uno tiene con el padre celestial.

¿Quiere Dios que tengas esto o aquello? Tal vez o tal vez no.
¿Por qué no le pregunta al Espíritu Santo quien es verdaderamente el único que puede revelar esos secretos a su espíritu humanamente?

Ceder tus derechos es poner todo lo que tienes "querido" en el altar del sacrificio. Una vez ofrecido, entonces se requiere un cierto tiempo de espera. Entonces este atento o escuche la voz de Dios. ¡Siempre encontraras la respuesta, si realmente buscas la respuesta de Dios!

Todo por Jesús todo por Jesús
¡Todo por Jesús! ¡todo por Jesús!
Todos los poderes de rescate de mi ser;
Todos mis pensamientos y acciones,
Todos mis días y todas mis horas.
¡Todo por Jesús!!todo por Jesús!
Todos mis días y todas mis horas.

¡La Lámpara Debe Arder Continuamente!

Deja que mis manos realicen su orden
Deja que mis pies corran en su camino;
Deja que mis ojos solo vean a Jesús;
Deja que mis labios hablen de su alabanza.
¡Todo por Jesús! ¡todo por Jesús!
Deja que mis labios hablen de su alabanza.

El mundo valora sus gemas de belleza
Aferrarse a los juguetes de polvo dorado,
Alarde de riquezas, fama y placer;
Solo en Jesús confiare.
¡Solo en Jesús!!solo en Jesús!
Solo en Jesús confiare.

Desde que mis ojos estaban firmes en Jesús,
He perdido de vista a todos los demás, --
Así encadenando la visión de mi espíritu,
Mirando al crucificado.
¡Todos por Jesús!!todo por Jesús
!!Todo por Jesús crucificado!
¡Oh que maravilloso! ¡que asombroso!
Jesús, glorioso Rey de reyes,
Diseños para llamarme su amada,
Me permite descansar debajo de sus alas,
¡Todo por Jesús!!todo por Jesús!
Descansando ahora bajo sus alas. *-Autor Mary D. James*

•*Permita que el proceso haga un trabajo perfecto.*
Cuando pensamos en ser probados por el Señor para obtener mayor productividad, la siguiente pregunta que sigue es generalmente: ¿Cuánto tiempo tomara el proceso?

Si el Señor comienza el lunes ¿Habrá terminado para el viernes por la tarde? ¿Oh acaso tenemos una idea del tiempo de inicio y finalización del proceso de prueba de Dios en nuestras vidas?

Mi respuesta a esto (al menos desde mi punto de vista) es que Dios no está realmente preocupado por el tiempo tanto como nosotros. El no esta en un horario variable ni esta sujeto a un calendario humano. Dios busca "una cosa". Esta "cosa" se llama un corazón que ha aprendido cual es la verdadera disposición.

Ya no se pregunta ¿que busca Dios? ¡Todo lo que El quiere es a ti, a todos ustedes! Tu corazón, mente y alma.

Una vez que Dios los tenga a todos, podrá trasladar a lugares y situaciones en los que Él lo favorecerá mucho.

Recuerde, ¡El solo favorece a los que lo favorecen! El resto vive de la pura misericordia amorosa del Señor.

Solo los Quebrantados Tienen el Fuego.

¡La Lámpara Debe Arder Continuamente!

Hasta que Dios no te haya quebrantado y transformado, entonces saldrá de ti aceite. La verdadera manifestación del fuego se vera en ti y a través de ti cuando haya aplicado aceite a la lampara (tu vida).

¡El fuego ardiente no es algo que usted encuentra en la mesa de "en venta"! No es algo que puede adquirir en un compartir entre creyentes. El verdadero fuego celestial se da a conocer cuando has llegado al lugar del quebrantamiento total y el aceite ha sido extraído de ti. Solo entonces, puedes experimentar el fuego eterno del que he estado hablando.

Capitulo 3

¡El Altar y el Fuego de Dios!

Mientras observamos el fuego de Dios y como el recipiente debe estar preparado para contenerlo es vital notar que, a menos que el orden divino de Dios este en su lugar, el fuego de Dios no vendrá ni estará presente.

Hay demasiadas formas que religiosamente se hacen en nombre del Señor y la mayoría de ellas son en vano.

Cuando hablo de formas religiosas mi mente me lleva a todos los "juegos tontos" que muchos líderes de la iglesia están haciendo hoy. Casi parece un circo de tres anillos. Mucho de lo que hacen en nombre del Señor no es más que un espectáculo carnal sobre como "sorprender" a las multitudes y traerlas a un espectáculo semanal.

Es cierto que, en la sociedad actual las personas buscan un toque de Dios, un significado real para la naturaleza de Dios. Esto es definitivamente cierto. Sin embargo, lo que la institución llamada "iglesia" tiene para ofrecer, son simples palabras vacías motivadoras y predicadores que hacen alarde de su elegante juego. Como el fallecido David Wilkerson dijo un día: ¡Hace que Dios vomite!

¡Vacilando entre dos opiniones!

"Entonces Acab convocó a todos los hijos de Israel, y reunió a los profetas en el monte Carmelo. Y acercándose Elías a todo el pueblo, dijo: ¿Hasta cuándo claudicaréis vosotros entre dos pensamientos? Si Jehová es Dios, seguidle; y si Baal, id en pos de él. Y el pueblo no respondió palabra. Y Elías volvió a decir al pueblo: Sólo yo he quedado profeta de Jehová; más de los profetas de Baal hay cuatrocientos cincuenta hombres. Dénsenos, pues, dos bueyes, y escojan ellos uno, y córtenlo en pedazos, y pónganlo sobre leña, pero no pongan fuego debajo; y yo prepararé el otro buey, y lo pondré sobre leña, y ningún fuego pondré debajo. Invocad luego vosotros el nombre de vuestros dioses, y yo invocaré el nombre de Jehová; y el Dios que respondiere por medio de fuego, ése sea Dios. Y todo el pueblo respondió, diciendo: Bien dicho." (1 Reyes 18:20-24)

Llego un momento en Israel en el que se había reincidido y se habían entregado a la idolatría de Baal. El pueblo de Dios había ido tras dioses y ahora estaban seriamente involucrados en la idolatría (que, por cierto, Dios odia con gran pasión).

Fue en un momento que Elías el profeta de Dios se acercó al pueblo de Dios y les dijo: **"¿Hasta cuándo vacilaran entre dos opiniones? Si el Señor es Dios síganlo; pero si Baal, síganlo."** A este comentario, la gente se quedó callada. ¿Por qué? ¡Creo que el pueblo de Dios no había sido confrontado por un hombre lleno de fuego!

¡Un hombre de fuego siempre transmitirá fuego a todo lo que le rodea! Elías era un hombre de fuego, Elías estaba en una misión de derrocar todo lo que estaba fuera de orden divino. Solo hombres y mujeres de fuego tienen esta unción. ¡Solo hombres y mujeres de fuego se pondrán en un horno ardiente!

Cuando estudiamos la vida de Elías descubriremos que es un hombre común y corriente. De hecho, sabemos que eso es cierto. En Santiago dice **"Elías era hombre sujeto a pasiones semejantes a las nuestras, y oró fervientemente para que no lloviese, y no llovió sobre la tierra por tres años y seis meses. Y otra vez oró, y el cielo dio lluvia, y la tierra produjo su fruto."** (Santiago 5:17,18)

Elías desafío a los cuatrocientos cincuenta profetas de Baal a un duelo. Cualquiera quien pudiera hacer fuego caer sobre el sacrificio, seria Dios. Que desafío de su parte, desafiar a estos falsos profetas. ¡Era uno contra cuatrocientos cincuenta! ¿Fue realmente un desafío? ¿O fue una trampa para avergonzar a los falsos profetas de Baal? Creo que lo último.

Cuando un hombre conoce a Dios como amigo como fue el caso de Elías, usted sabe cosas acerca de Dios que pocos saben. Los secretos del Señor están con aquellos que conocen a Dios.

Por supuesto, Elías sabía que el fuego caería en su nombre. ¡Se necesita un Dios para enviar fuego; se necesita un hombre de fuego para enviar fuego! ¡Elías era ese hombre de fuego!

Orden Divina Para el Fuego

"Entonces Elías dijo a los profetas de Baal: Escogeos un buey, y preparadlo vosotros primero, pues que sois los más; e invocad el nombre de vuestros dioses, mas no pongáis fuego debajo. Y ellos tomaron el buey que les fue dado y lo prepararon, e invocaron el nombre de Baal desde la mañana hasta el medi-

odía, diciendo: !!Baal, respóndenos! Pero no había voz, ni quien respondiese; entre tanto, ellos andaban saltando cerca del altar que habían hecho. Y aconteció al mediodía, que Elías se burlaba de ellos, diciendo: Gritad en alta voz, porque dios es; quizá está meditando, o tiene algún trabajo, o va de camino; tal vez duerme, y hay que despertarle. Y ellos clamaban a grandes voces, y se sajaban con cuchillos y con lancetas conforme a su costumbre, hasta chorrear la sangre sobre ellos. Pasó el mediodía, y ellos siguieron gritando frenéticamente hasta la hora de ofrecerse el sacrificio, pero no hubo ninguna voz, ni quien respondiese ni escuchase." (1 Reyes 18:25-29)

Había dos toros preparados para este desafío los profetas de Baal hicieron sus arreglos y comenzaron a pedir fuego a Baal. "Entonces tomaron el toro que les fue dado y lo prepararon e invocaron el nombre de Baal desde la mañana hasta el mediodía, diciendo: '! ¡O Baal, escúchanos!'

Pero no había voz; nadie respondió. Luego saltaron por el altar que habían hecho. Paso todo el día y todavía no había fuego. Durante todo el día no paso nada: no hubo respuesta de Baal, no hubo fuego de Baal.

¡El Altar y el Fuego de Dios!

Demasiadas veces vemos eso en los ministerios. Hay mucho movimiento y suplicas por avivamiento, pero no fuego. He visto a pastores hacer los arreglos adecuados, rituales geniales, hermosos edificios, sistemas de sonidos increíbles e increíbles presencia en los escenarios, pero su presencia no se encuentra en ningún lado. ¡Sin fuego! ¿Por qué no?

El Turno de Elías

"Entonces dijo Elías a todo el pueblo: Acercaos a mí. Y todo el pueblo se le acercó; y él arregló el altar de Jehová que estaba arruinado. Y tomando Elías doce piedras, conforme al número de las tribus de los hijos de Jacob, al cual había sido dada palabra de Jehová diciendo, Israel será tu nombre, edificó con las piedras un altar en el nombre de Jehová; después hizo una zanja alrededor del altar, en que cupieran dos medidas de grano. Preparó luego la leña, y cortó el buey en pedazos, y lo puso sobre la leña. Y dijo: Llenad cuatro cántaros de agua, y derramadla sobre el holocausto y sobre la leña. Y dijo: Hacedlo otra vez; y otra vez lo hicieron. Dijo aún: Hacedlo la tercera vez; y lo hicieron la tercera vez, de manera que el agua corría alrededor del altar, y también se había llenado de agua la zanja. Cuando llegó la hora de ofrecerse el holocausto, se acercó el profeta Elías y dijo: Jehová Dios de Abraham, de Isaac y de Israel, sea hoy manifiesto que tú eres Dios en Israel, y que yo soy tu siervo, y que por mandato tuyo he hecho todas estas cosas. Respóndeme, Jehová, respóndeme, para que conozca este pueblo que tú, oh Jehová, eres el Dios, y que tú vuelves a ti el corazón de ellos. Entonces cayó fuego de Jehová, y consumió el holocausto, la leña, las piedras y el polvo, y aun lamió el agua que estaba en la zanja. Viéndolo todo el pueblo, se postraron y dijeron: ¡Jehová es el Dios, Jehová es el Dios!" (1Reyes 18:30-39)

No Puede Haber Fuego Sin un Altar Reparado

"Entonces dijo Elías a todo el pueblo: Acercaos a mí. Y todo el pueblo se le acercó; y él arregló el altar de Jehová que estaba arruinado."

Escucha este maravilloso testimonio. Elías llamo a todos a acercarse (como era su turno de encender el sacrificio) y observar lo que Dios estaba a punto de hacer.

Una cosa sobresaliente aquí y digna de ser notada, fue que Elías reparo el altar que estaba roto. ¡Esto es un paso legal si va haber fuego en alguna parte!

La palabra reparado se usa para este pasaje, y la palabra hebrea para reparado es rafe, cuyo significado es o significa curar: volverse fresco, sanado por completo.

¿Cualquiera sabe que un altar puede ser reparado, pero ser curado? ¡Solo una persona o animal pueden ser sanado, no un altar! ¿O puede?

El escritor de 1 Reyes dijo que Elías reparo o mejor aún, curo el altar. La palabra reparado también significa volverse fresco. ¡No hay nada más importante para el corazón humano que un lugar fresco para que Dios demuestre su poder y presencia! Una vez que el corazón esta sanado, el avivamiento es inevitable.

Esta es exactamente una de las razones principales por las cuales los avivamientos no ocurren hoy en las iglesias o en la tierra. No hay sanidad en el altar de sacrificio. Nadie esta buscando internamente la respuesta; todos lo buscan externamente. Están construyendo ladrillo sobre ladrillo: idea tras idea: y tan bueno como suena todo es sin fuego, ¡porque nuestros altares no están sanos, no están frescos! ¡Dios no vendrá a un altar sin ser reparado sin ser sanado!

Ahora Para la Experiencia de Sanación

La curación comienza en el interior del hombre. Nada es más valioso y más importante para el alma humana que un corazón sanado.

El verdadero arrepentimiento es el comienzo de la sanación.

Cuando una persona realmente se arrepiente ante Dios habrá un efecto de limpieza bajando de la sangre de Jesús sobre ese hombre o mujer. Una vez que se ha aplicado la sangre. ¡esa alma esta cien por ciento justificada por el Dios santo!
Junto con el efecto de la limpieza sobre esa alma, también hay una liberación de disposición profunda de nunca hacer nada mas de tu propio poder. En otras palabras, ¡la disposición a pecar nuevamente se habrá ido! Así es como se sabe cuando alguien ha sido tocado por el fuego de Dios.

Esta nueva experiencia de frescura en ti, es realmente lo que hace que el fuego de Dios caiga sobre el corazón humano una y otra vez.

¡Cuando el corazón está enfermo, el fuego cesa! ¡Cuando el corazón está bien se convierte en una plataforma para el fuego de Dios!

Nada Puede Apagar el Fuego de Dios

"**Entonces cayó fuego de Jehová, y consumió el holocausto, la leña, las piedras y el polvo, y aun lamió el agua que estaba en la zanja.**"

Una cosa importante que he aprendido sobre el reino espiritual es esta:

¡Cualquier cosa que nazca desde dentro, donde vive el hombre espiritual, no puede ser silenciada! Puede que no obedezca las indicaciones, puede ignorar la voz que lo llama, pero su voz es como fuego interno. No será apagado por tu desobediencia. Es posible que tengas que vivir con la convicción de la desobediencia, u obedecer y vivir pacíficamente con el espíritu de Dios.

Puedes poner agua en la madera, el sacrificio en las piedras y el polvo, pero cuando viene el fuego, no respeta ningún obstáculo. Consumirá todo lo que no sea del Señor, incendiará el sacrificio

Capítulo 4

¡La Expresión de Luz!

"Yo soy la luz del mundo" (San Juan 8:12)

"Vosotros sois la luz del mundo" (San Mateo 8:12)

A medida que continuamos revelando el poder secreto de vivir una vida de fuego una vida que nunca se apaga, debemos mirar dos verdades muy importantes e inmutables.

La primera verdad es una declaración audaz hecha por Jesús.

En el libro Juan, Jesús dijo: **"Otra vez Jesús les habló, diciendo: Yo soy la luz del mundo; el que me sigue, no andará en tinieblas, sino que tendrá la luz de la vida."** (Juan 8:12)

Cuando Jesús abrió su boca para hacer esta declaración audaz, solo puedo imaginar los poderes malvados de las tinieblas encogiéndose. Estoy seguro de que todo el infierno comenzara a temblar ante el sonido de Su voz, mientras libera o revela el mayor secreto guardado por generaciones.

¡El secreto de que la luz había venido al mundo para liberar a los cautivos de la oscuridad!
¡Jesús dijo que Él es la Luz del Mundo!

La imagen aquí es de una lampara que se enciende en una habitación, y libera la maravilla del brillo en una habitación que ha sido dominada por la oscuridad.

Dominado por la Oscuridad, Literalmente.

Cuando Jesús comienza hacer estas declaraciones, también añade: **"El que me sigue, no andará en tinieblas, sino que tendrá la luz de la vida."**

¿Ves esto? ¡Jesús, quien es la luz del mundo, literalmente dice que el que tiene esta luz no caminara en la oscuridad, sino que tendrá esta misma luz! En otras palabras, la luz que está en Jesús porque Jesús es luz, es la misma luz que habrá en cualquiera que elija seguirlo.

La Transferencia de Luz

A medida que aceptamos a Cristo en nuestros corazones, Su espíritu entra en nuestro espíritu, el milagro del nuevo nacimiento tiene lugar, ¡así como así! Estamos vivos y nuestra capacidad de ver y dar sentido a la vida se ve alterada;

nuestros corazones están limpios por la sangre de Jesucristo nuestro Señor. Somos una nueva creación en Cristo. ¿Qué tan asombroso es eso?

La luz ahora ha comenzado a vivir en nuestro propio corazón y vida. Ahora estamos transmitiendo testimonios de la gracia y bondad de Dios. No lo merecíamos, pero Dios en su misericordia, nos escogió y nos adoptó como hijos. **¡Gloria al Rey de reyes!**

No estoy seguro de como ocurre todo este misterio, pero es lo suficientemente bueno para mí. Confesé que estaba viviendo una vida de egoísmo; quería conducir mi propia vida y ser mi propio jefe. En realidad, lo hice bastante bien; me las arregle para que se viera bien ante la sociedad, pero lamentablemente nunca llegue a Dios.

Un día escuché la verdad sobre Jesucristo, por eso creí. Recibí su perdón y le di mi vida. Como consecuencia, ¡Cristo ahora vive en mí y yo en El! Es así de simple.

¡Responsable de Brillar!

Una cosa aprendí sobre mi experiencia de renacer, fue que tenía que dejar saber a todos los que me rodeaban acerca de mi nueva fe en Cristo. Algunos me escucharon y se rieron.

¡La Expresión de Luz!

Algunos dijeron que no lo necesitaban. Otros, simplemente me ignoraron, y finalmente, otros trataron de avergonzarme. Dijeron que estaba loco, ¡Pero sabía que ellos lo estaban! Cualquiera que sea tu causa, puedes ser llamado a brillar. Tienes la responsabilidad de hacerlo como luz en un mundo oscuro.

Escuche estas palabras habladas por Jesús: **"Vosotros sois la luz del mundo; una ciudad asentada sobre un monte no se puede esconder. Ni se enciende una luz y se pone debajo de un almud, sino sobre el candelero, y alumbra a todos los que están en casa. Así alumbre vuestra luz delante de los hombres, para que vean vuestras buenas obras, y glorifiquen a vuestro Padre que está en los cielos."** (San Mateo 5:14-16)

La declaración se convierte en un mandamiento cuando escuchas por primera vez las palabras de Cristo. **"Vosotros sois la luz del mundo"** Él dijo.

Una vez escuchas lo que eres en Cristo, debes pasar a la segunda parte, **"Ni se enciende una luz y se pone debajo de un almud, sino sobre el candelero."**

Todos estamos llamados a estar en un candelero (un punto alto). Este es un lugar donde podemos iluminar esa luz para un mayor impacto: el lugar de influencia, donde uno puede ser un testimonio de y para la gloria de Dios.

Esta es la razón por la cual hacemos nuestro mejor esfuerzo para ser el mejor empleado, estudiante, ciudadano, etc., para que podamos obtener la promoción y desarrollar algo de influencia cuando lideramos y tengamos la oportunidad de influir para la gloria de Dios.

Finalmente llegamos a la tercera parte, el mandato literal. Jesús dijo, **"Así alumbre vuestra luz delante de los hombres, para que vean vuestras buenas obras, y glorifiquen a vuestro Padre que está en los cielos."**

El llamado a brillar debe hacerse a través de nuestras vidas, expresando a Cristo al mundo.

Una vida íntima de oración y de devoción tiene una forma de transformar la mente y el espíritu humano. A medida que uno se llene y vuelva a llenar con la gloria y el fuego de Dios, también estará listo para expresarlo. Esto es tan vital, ¡que uno no puede dar lo que no tiene!

Mientras obtienes más de Jesús en tu vida, inevitablemente comenzaras a brillar para el Señor. Realmente no tiene que abrirse paso en la vida de las personas. Las personas por naturaleza, necesitan luz.

Cuando vean el fuego en ti, lo querrán. Necesitaran algo de calor para su fría vida; y si no, necesitaran una lampara para iluminar su camino debido a la ignorancia y confusión a causa de la oscuridad en sus vidas. Tarde o temprano vendrán a tocar a tu puerta, ¡mientras brillas para Jesús!

Luz: Una Expresión de Su Naturaleza

Cuando pienso en Cristo y en su asombrosa obra al venir al mundo como siervo humilde y ofrecer su vida en rescate por toda la humanidad, sin mencionar el hecho de que también planto la eternidad en nuestros corazones, ¡estoy asombrado del esplendor de mi rey!

A medida que el Señor se mueve hacia nuestros corazones, su presencia, su esencia y su fuego se libera dentro de nosotros. Ahora estamos brillando con su luz y nuestro semblante lo muestra. Escucha al salmista decir, **"Porque contigo está el manantial de la vida; En tu luz veremos la luz."** (Salmos 36:9)

Es inevitable que el que verdaderamente entra en Cristo no brille con el brillo de su esplendor "en el mundo" en el que vive.

¡La Expresión de Luz!

Cuando uno se acerca con un corazón contrito y un espíritu quebrantado, ¡La llama eterna de Dios lo consumirá! Los resultados serán asombrosos. El fuego que arde desde el trono será transferido al hombre o la mujer que se posicionan para recibirlo.

Una de mis citas favoritas es esta: *"Es solo esperando ante el trono de la gracia que nos dotamos del fuego sagrado. El que espera allí por mucho tiempo y creyendo beberá ese fuego y saldrá de su comunión con Dios, portando muestras de donde ha estado."*

Al cerrar este capítulo, quiero desafiarlo a desarrollar una vida que produzca fuego en usted. Cuanto más vivo, más veo el espíritu de este mundo haciendo su intento de mantener a los siervos de Dios en cautiverio y apegados a una porción menor de lo que Dios ha querido.

Por más difíciles que sean los ejercicios espirituales, ¡no podemos permitirnos el lujo de vivir sin ellos! Practica la presencia de Dios, no importa lo que digan, es algo difícil de hacer y requiere de mucha disciplina.

Si quieres ser un hombre o una mujer de fuego si deseas una expresión de la naturaleza de Dios aquí en la tierra entonces comienza desarrollando una vida de oración, una

¡La Expresión de Luz!

vida de ayuno, un plan disciplinado para leer y meditar en la palabra de Dios; y, por último, tómese el tiempo de escribir en su diario personal los secretos maravillosos que Dios comparte con usted.

Capítulo 5

¡Atendiendo a la Expresion! - Parte 1

"La negligencia es el oxido del alma, que corroe todas sus mejores resoluciones."

-Owen Felltham

"Y el fuego encendido sobre el altar no se apagará, sino que el sacerdote pondrá en él leña cada mañana, y acomodará el holocausto sobre él, y quemará sobre él las grosuras de los sacrificios de paz." (Levítico 6:12)

La escritura que uso aquí nos da una perspectiva interesante sobre algunas cosas con respecto al tema de este capítulo, Atención a la expresión.

Por un lado, nos muestra lo que Dios realmente desea y lo que Dios, no desea. En segundo lugar, nos da una idea de quien es el que debe ocuparse del asunto en cuestión y como hacerlo, ya que parece agradable al Señor.

La preocupación en el texto es fuego sobre el altar. Dios le dice a Moisés," [se] seguirá ardiendo sobre él."

Obviamente, el fuego no va arder solo. Necesita la asistencia o la cooperación de un vaso humano. ¡Dios nos elige para participar de su glorioso plan!

Luego, el sacerdote recibió el encargo de "quemar lena todas las mañanas. "Esto debía hacerse a diario si el fuego ardía en el altar. ¿Qué estaba en juego aquí? La ofrenda quemada.

Una de las cosas que he aprendido en mi caminar personal con Dios es prestar atención a la Ley de Negligencia o al principio de Negligente. He aprendido que, si uno no atiende un asunto, el asunto no se resolverá por si solo. Este principio se aplica a todo en la vida.

En nuestra vida cristiana, nuestro caminar debe ser de gran importancia para nosotros, que prestemos atención a los pilares que lo hacen funcionar, que lo hacen excepcional y vibrante. No atender las disciplinas espirituales en nuestro caminar cristiano, es descuidar los beneficios que esta gran vida puede ofrecer.

¿Es de extrañar por que tantos creyentes se quedan preguntándose, luchando o sorprendidos por los resultados negativos o cuando las cosas van mal a su alrededor o en ellos? Con demasiada frecuencia, la razón por la que algo colapso no fue porque Dios tenía la intención de hacerlo, sino que el principio de negligencia entro en vigencia y ¡solo estamos cosechando el fruto de ellos!

Además, Dios le dijo a Moisés que se asegurara de que el aceite fuera recogido y puesto en la lampara para encenderlo. Sin aceite no puede haber fuego. Si no hay fuego, entonces la lampara no tiene efecto y los que estén en la casa pronto estarán en la oscuridad.

A medida que desarrollamos esta filosofía de expresar la naturaleza de Dios en el mundo, debemos prestar atención a las cosas que hacen que esto sea real y practico.

Eh citado algunas cosas que considero herramientas, disciplinas o ejercicios espirituales que garantizan una vida que fluye con un fuego eterno.

Cultivando Una Vida Personal de Oración

Me gustaría abrir ante ustedes un tema que considero una de las armas más poderosas en la vida del creyente: el tema de la oración personal.

Por mucho que aprecio la reunión de oración corporativa, la comunión de los santos, y todos tienen su lugar en el cuerpo de Cristo, creo firmemente que nada se compara con la vida secreta de la oración personal.

La oración personal es muy poderosa para todos los que se disciplinan.

Es en el lugar secreto de la oración personal que el hombre o la mujer de Dios encuentra el verdadero enriquecimiento en Dios. Nada se compara con este tipo de encuentros personales a diario con el Espíritu Santo.

En tiempos de oración personal, el creyente tiene que enfrentar algunas cosas antes de entrar. Así es como Jesús lo supero en San Mateo 6:6 – **"Mas tú, cuando ores, entra en tu aposento, y cerrada la puerta, ora a tu Padre que esta en secreto; y tu Padre que ve en lo secreto te recompensara en público."**

Veamos algunas cosas:

1. *Mas tú, cuando ores:* ¿Cuándo debemos orar? Tengo mis preferencias personalmente, me gusta encontrarme con Dios temprano en la mañana (generalmente a las 5 am) y tomarme mi tiempo para estar en su encantadora presencia. Tengo un periodo de tiempo que paso a sus pies y generalmente dura unas dos horas diarias. Me permito entrar y pasar tiempo, especialmente en adoración e intercesión. No puedo decirte que alegría es lograr esto a diario.

Mi padre espiritual solía decirme: "David, si te levantas temprano por la mañana para encontrarte con Dios, el 90% de tu guerra espiritual ha sido ganada, ahora sal del 10% en obediencia total.

2. *Entra en tu aposento:* Después de haber decidido encontrarse con Dios, tome nota de las instrucciones específicas. Esto hará la diferencia si tocas a Dios o no. Su habitación "privada" o "secreta" es un lugar espiritual donde te encuentras con Dios. Tiene que ver con la actitud y bondad del corazón. ¡Entrar a tu "habitación privada" significa que estas entrando en las partes más profundad de ti mismo y permitiendo que Dios te vea tal y como eres realmente!

Creo que la razón por la cual la vida de oración de la mayoría de las personas es ineficaz se debe a que esta parte; el no entrar en su habitación privada. Se presentan a la oración, ¡pero nunca encuentran! ¿Me entienden? ¡Siempre están hablando de oración, reuniones de oración, pero nunca logran entrar para obtener el beneficio con Dios cara a cara! Nada es mas transformador que ver a Dios cara a cara.

3. *Cerrada la puerta:* Cerrar la puerta significa que haces un esfuerzo consciente para estar a solas con Dios has propuesto en tu corazón y en tu mente que nadie estará allí contigo, solo Dios. Es solo El quien estará allí delante de ti si la puerta permanece abierta tu mente y corazón se distraerán con miedos, dudas y preocupaciones externas. Cerrar la puerta es en realidad una señal para Dios que dice: "Soy todo tuyo Dios; busca dentro y fuera de mi"

4. *Ora a tu padre que esta en secreto:* Cuando cierras la puerta de tu mundo externo y abres el portal a la sala del trono del Padre, El está allí esperándote con expectación. Se requiere fe para ver esto. ¡Sin fe no puedes experimentar al Padre!

5. *Y tu Padre que ve en lo secreto te recompensará en público:* ¿Has leído esto? ¡Ahora puedo comprender el pensamiento de esto! A medida que pasas tiempo en la presencia del padre, ¡cambiaras! Veras, estar en la presencia del Padre significa que estas recibiendo descargas de quien es El. Todo el tiempo que estés en su presencia, hay una transferencia de su naturaleza en ti. Hay una metamorfosis real que ocurre mientras esperas ante El. La recompensa es su presencia. ¡Donde quiera que vayas y hagas lo que hagas, Su fuego es inevitable!

Uno de los ejercicios mas poderosos para el poder espiritual es, si duda una vida de oración personal. La próxima vez que escuche hablar de personas que hablan sobre la oración, tome nota. ¿Fueron esas personas tocadas por el fuego de Dios? El fuego es el testimonio de estar en el lugar secreto del Padre.

¿Es fácil? No. ¿Es conveniente? No. ¿Hay una manera correcta de orar? Quizás, pero aun no lo he aprendido. ¿Todavía uso una alarma para salir del sueño…apuesto! ¿Lo necesito? ¡Todos los días! Utilizo todo lo que puedo para llevarme a ese lugar secreto para encontrarme con mi Padre celestial y tú también deberías hacerlo.

Capítulo 6

Atendiendo a la Expresión! - Parte 2

"Y dije: No me acordaré más de él, ni hablare más en su nombre; no obstante, había en mi corazón como un fuego ardiente metido en mis huesos; trate de sufrirlo, y no pude."
(Jeremías 20:9)

El profeta de Dios, Jeremías, sin duda, fue tocado por la palabra de Dios. Era como fuego encerrado en sus huesos. ¿Puedes imaginarte esto? ¡Aunque trato de contenerlo, No pudo! Amigos, ¡esto es fuego verdadero!

Permitir que la palabra de Dios entre en tu vida espiritual, definitivamente te hará arder por Jesús, de hecho, en la medida en que permitamos que la palabra de Dios penetre en nuestro espíritu, es en la medida en que expresamos su vida a los demás. ¡La gente puede verlo, sentirlo y experimentarlo a través de nosotros!

Hay muchas formas creativas de leer la palabra de Dios. Algunos leen la palabra de Dios con la intención de estudiarla profundamente; otros leen para extraer los principios de la vida directamente de la boca de Dios y otros estudian los personajes de la Biblia y las grandes cosas que lograron en su vida.

He conocido personas que han memorizado partes extensas de las escrituras, y pueden citarlas en cualquier momento dado con bastante precisión. ¡Esto para mi es sorprendente! Mi maestro en Geografía Bíblica siempre hablaba de lo interesante que era estudiar los lugares, tierras y culturas de la Biblia. En resumen, he realizado estudios muy interesantes sobre las diferentes formas y métodos para obtener más información. Sin embargo, he descubierto la única área de la que estoy enamorado: ¡La meditación!

David dijo, **"BIENAVENTURADO** (FELIZ, forzado, prospero y viable) **es el hombre que camina y vive no en el consejo de los impíos** [siguiendo sus consejos, planes y propósitos] **ni se mantiene** [sumiso e inactivo] **en el camino donde los pecadores caminan, ni se sientan** [para relajarse y descansar] **donde se reúnen los despectivos** [y los burladores]'**Pero su deleite y deseo están en la ley del Señor y en su ley** (los preceptos, las instrucciones, las enseñanzas de Dios) **que habitualmente medita** (reflexiona y estudia) **de día y de noche. Y será como un árbol firmemente plantado** [y cuidado] **por las corrientes de agua, listo para producir su fruto en su estación; su hoja tampoco se desvanecerá ni se marchitará; y todo lo que haga prosperará** [y con la madurez]" (Salmo 1:1-3 *Traducido de la versión amplificada de la biblia*)

Cultivando una vida de lectura y meditación en la palabra

de Dios.

David, el salmista, hizo una declaración poderosa sobre el individuo que no desperdicia su vida con la tontería de un estilo de vida impía. Dijo que dedica su tempo a "meditar" en la palabra de Dios. ¿Qué significa exactamente meditar? Miremos.

El diccionario Webster ha escrito de esta manera: *Meditar: participar en la contemplación o la reflexión. Participar en ejercicio mental con el propósito de alcanzar un nivel elevado de conciencia espiritual. Además, significa enfocar los pensamientos: reflexionar. Finalmente, puede significar planificar o proyectar en la mente.*

Un momento de meditación sobre la palabra de Dios seria simplemente tomar una porción de las escrituras y contemplarlas seriamente, reflexionar sobre ello al revisarlo una y otra vez, hasta que todo su ser quede cautivo por ella.

En mi propia meditación de la palabra de Dios, me gusta leer diariamente una pequeña porción de las escrituras . Lo leeré con mi mente enfocada en la posibilidad de que Dios quiera decirme algo. Entonces, con mi espíritu abierto al suyo, y enfocado en cada palabra que estoy "reflexionando" más mi corazón en sintonía con sus emociones, me aventuro en mi viaje.

Después de pasar bastante tiempo haciendo esto repetidamente en mi lugar de oración secreto, el Señor me revela o revelara su corazón.

¡Aquí es donde aprendo un nuevo principio para aplicar, una corrección en mi propia vida, un mandato que debo persistir en desarrollar, un pensamiento que alineara mi actitud con la Suya, o simplemente redescubrir su nuevo amor que Él tiene sobre mí! No hay nada en el mundo que se compare con esta experiencia, ¡nada!

Mientras el mundo corre aquí y allá persiguiendo cosas vanas que no producen un impacto duradero, ¡prefiero sentarme a la mesa con el Maestro y aprender sobre El, sobre mi y sobre todas las cosas maravillosas que ha preparado para aquellos que temen! No tiene precio.

Planes de Lectura de la Biblia

Creo que cada creyente debería tener un buen plan de lectura de la Biblia. ¿Qué tienes que perder? Con un plan, puede alcanzar su meta de leer la Biblia completa en un año o más; sin un plan, lo mas probable es que no llegues a completar tu lectura de este texto sagrado.

Mucho optaron por leer un libro a la vez, lo cual no es una mala idea si puedes seguirlo. A otros les gusta comenzar desde el principio y trabajar a través de toda la Biblia hasta que la completen, lo cual también es un abuena idea, si se completa.

Ahora debido a la naturaleza humana, la gente tiende a no ser muy disciplinada. A menudo comienzan rápido, pero no terminan lo que comienzan. Estoy seguro de que has estado allí. ¡Yo estado allí!

Para combatir esto, personalmente he adoptado un plan de lectura, un "Leer la Biblia en un año". Lo he usado por mas de 30 años y me ha servido bien.

El plan que uso actualmente ofrece esto: un capitulo sobre el Antiguo Testamento, un salmo, un capitulo de los evangelios y un capítulo de las epístolas paulinas. Revisarlo a diario me garantiza una lectura de toda la Biblia en un año.

Para ser mas especifico, he adaptado este plan a leer la Biblia una vez cada tres años. Esto me permite hacer meditaciones con mayor efectividad porque no tengo prisa por terminar los listados de capítulos diarios. Entonces solo leo un poco cada día. Medito en el corazón de Dios diariamente. No se trata realmente de cuanto lees, sino de cuanto permite que el Espíritu De Dios y la palabra se apoderen de tu vida.

Cultivando Una Vida de Diario Personal.

El diario personal es realmente una forma increíble de cultivar y desarrollar mientras meditas en la palabra de Dios. Tomar notas de pensamientos que pueden transformarte a ti y a otros es realmente algo que da vida a la palabra profética de Dios y te establece de muchas maneras.

¿Por qué alguien querría escribir los pensamientos que encuentra?

Bueno, por un lado, cuando escribes las cosas que descubres, tienden a recordarse mejor cuando están escritas a mano. Si valoras un pensamiento, lo escribirás. Si no valora un pensamiento, lo dejaras solo y nunca lo volverás a visitar. ¡La sabiduría esta verdaderamente reservada para quienes la buscan!

Otra cosa que el diario personal hace por ti es hacerte responsable. Todo lo que escribes te esta mirando a la cara. ¿Lo seguirás? ¿Lo pondrás en practica en tu propia vida? ¿Realmente lo crees? Etc.

Una cosa que he notado es que las personas que toman buenas notas generalmente son personas con espíritu tranquilo, tienen un pensamiento ordenado y generalmente viven vidas muy tranquilas. Solo digo.

A través de la oración personal y la meditación, uno puede realmente aprovechar este fuego que Dios gobierna. El fuego será iniciado por tu espíritu quebrantado delante de Dios, pero para mantenerlo, para mantener la expresión, ¡tomará algo de trabajo!

He descubierto que, al trabajar con estas dos prácticas, uno puede permanecer ardiendo diariamente. Me atrevo a decir que si uno lo hace de manera consistente ¡no se sabe el potencial de lo que este recipiente puede ser para Dios en los años venideros!

PARTE 2

¿QUE PASO CON EL FUEGO?

Lecciones de Como el Fuego Se Pierde

Capítulo 7

¿A Dónde Se Fue el Fuego?

"Escribe al ángel de la iglesia en Éfeso: El que tiene las siete estrellas en su diestra, el que anda en medio de los siete candeleros de oro, dice esto: Yo conozco tus obras, y tu arduo trabajo y paciencia; y que no puedes soportar a los malos, y has probado a los que se dicen ser apóstoles, y no lo son, y los has hallado mentirosos; y has sufrido, y has tenido paciencia, y has trabajado arduamente por amor de mi nombre, y no has desmayado. Pero tengo contra ti, que has dejado tu primer amor. Recuerda, por tanto, de dónde has caído, y arrepiéntete, y haz las primeras obras; pues si no, vendré pronto a ti, y quitaré tu candelero de su lugar, si no te hubieres arrepentido." (Apocalipsis 2:1-5)

En el pasado, cuando he meditado sobre este pasaje, siempre dirijo mi atención al punto donde dice: **"…has dejado tu primer amor."** No se sobre ti, pero he visto como esta parte parece enfocar todo el verso.

Dejar tu primer amor es solo el fruto de algo mucho mas profundo. No responde a la pregunta de por qué el "primer amor" se quedó atrás o se perdió. No revela cuan descuidado puede llegar a ser su practica del cristianismo, ahora como descuida lo que es realmente valioso.

Meditando sobre las notas para este manuscrito, comencé a profundizar en el estudio y me pregunté ¿Cómo es que uno puede llegar al lugar donde pierde el factor motivador original por todo lo que pueden hacer por Dios?

Siendo que mi tema tiene que ver con el fuego de Dios que brilla intensamente en nosotros y a través de nosotros, quiero señalar en este capitulo como se puede perder un fuego tan sagrado y en consecuencia, abortar la razón de que y por qué se ha dado.

Atendiendo las Cosas Externas

Obviamente, nuestro caminar y servicio a Dios tiene que ver con manifestar quienes somos y como dejamos que nuestra luz brille en este mundo oscuro. Hemos sido llamados a esto. Todos los que han sido llamado a caminar con Dios tienen esta misión: ¡ser la luz!

No creo que este sea el asunto en cuestión aquí, pero si creo que es más una cuestión de prioridad que hacer buenas obras.
Si enfocamos nuestra atención en el versículo mencionado

anteriormente, descubriremos rápidamente que el Señor, que camina en medio de su iglesia esta bastante satisfecho con el trabajo externo que la iglesia de Éfeso había estado haciendo. Señaló que su trabajo y paciencia junto con su odio por el mal era impecable.

Desde esta perspectiva, la iglesia de Éfeso obtendría una "estrella de oro" si lo desea. Serian considerados la iglesia que fue "mas allá" de su llamado al deber. Si, el maestro estaba satisfecho con el trabajo de sus manos, ¡pero no con el trabajo de sus corazones!

¿No es este el problema con la mayoría de nuestra traición moderna del cristianismo? ¿No es esto para lo que la mayoría de las iglesias están "jugando"? Para ser reconocido por su posición contra el mal, contra las falsas doctrinas, etc. Algunos van más allá y hacen que sus salas de conciertos santuarios (en nombre de la relevancia) con el objetivo de ocupar y llenar cada silla en su santuario. De alguna manera, las obras externas tienen una forma de colocar a una iglesia en algún tipo de estado o en un pedestal.

Aunque muchos pastores y lideres dicen que no van tras las masas, ¡lo hacen! ¡Algunas por razones piadosas de la agenda del reino, pero la mayoría por razones impulsadas por el ego! A esto Jesús viene y dice: **"Yo conozco tus** obras, y tu arduo trabajo y paciencia; y que no puedes soportar a los malos, y has probado a los que se dicen ser apóstoles, y no lo son, y los has hallado mentirosos; y has sufrido, y has tenido paciencia, y has trabajado arduamente por amor de mi nombre, y no has desmayado. **Pero tengo contra ti, que has dejado tu primer amor."**

En términos simples, esto significa, "¡has hecho buen trabajo haciendo buenas obras afuera, pero has fallado miserablemente haciendo buenas obras dentro de tu propio corazón!"

El amor se ha ido; ¡el fuego se fue! No queda nada de lo que estaba allí cuando comenzó a hacer el trabajo.

¡Asunto de Prioridad!

Si uno desea agradar al Señor, primero debe aprender que agradar al Señor tiene que comenzar en el desarrollo de un profundo amor por Dios. ¡El placer comienza con amarlo con todo nuestro corazón!

Lo siguiente seria mantener la consistencia de este amor fluyendo. ¡Suena fácil, pero no lo es! Hay muchas otras distracciones que se interponen entre usted y su amor por Dios. Sera un desafío, si no entiendes este tipo de batalla en la que te encuentras.

Por último, mantener este amor fresco y vibrante, reunirse con Dios en el lugar secreto de la oración como un estándar diario, le dará esta capacidad. Lo estabilizará y lo mantendrá activo por el resto de sus días.

¡Debes pasar tiempo en el fuego para tener el fuego!

¡Lo que María Sabia!

Aconteció que yendo de camino, entró en una aldea; y una mujer llamada Marta le recibió en su casa.

"Esta tenía una hermana que se llamaba María, la cual, sentándose a los pies de Jesús, oía su palabra. Pero Marta se preocupaba con muchos quehaceres, y acercándose, dijo: Señor, ¿no te da cuidado que mi hermana me deje servir sola? Dile, pues, que me ayude.'

Respondiendo Jesús, le dijo: Marta, Marta, afanada y turbada estás con muchas cosas. Pero sólo una cosa es necesaria; y María ha escogido la buena parte, la cual no le será quitada.'" (San Lucas 10:38-42)

Si hay algo que podemos apreciar de esta historia, es que

tenemos el privilegio de ver ambos lados. Vemos la vida de María, y también la vida de Marta exhibida en tiempo real. Dos hermanas, pero muy diferentes en postura espiritual.

María parece ser una alumna de Jesús. Una mujer que es humilde y enseñable en espíritu. Ella estaba atenta a las palabras divinas de Jesús. ¿Cómo crees que una persona que anhela ser como Cristo no será reconocida por Dios? ¡Obviamente ella anhelaba tener lo que Jesús tenía!

Ahora, la hermana de Maria, Marta, era un poco diferente en el sentido de que parecía un poco mas ocupada con el otro aspecto del ministerio: la parte del servicio. ¡No es algo malo! Muchos han convertido a Marta en la "mala", pero en realidad no lo es. ¡Nosotros como creyentes necesitamos servir mas! Necesitamos pasar tiempo sirviendo y ayudando a quienes nos rodean. ¡Absolutamente!

Entonces, ¿Cuál es el trato?

El acuerdo es que tenemos dos tipos de personalidades diferentes aquí presentadas, y dos tipos de filosofía retratadas. Una es sentarse y aprender; la otra es dar y servir. ¿Son estas acciones correctas? Una es mas valiosa que la otra. ¡La respuesta es sí! Ambos tienen razón y son valiosas. Solo difieren en prioridad.

Capítulo 8

Sansón:
¡El Hombre Que Reveló Su Corazón al Diablo!

"Pues he aquí que concebirás y darás a luz un hijo; y navaja no pasará sobre su cabeza, porque el niño será nazareo a Dios desde su nacimiento, y él comenzará a salvar a Israel de mano de los filisteos." (Jueces 13:5)

"Y la mujer dio a luz un hijo, y le puso por nombre Sansón. Y el niño creció, y Jehová lo bendijo. Y el Espíritu de Jehová comenzó a manifestarse en él en los campamentos de Dan, entre Zora y Estaol." (Jueces 13:24-25)

Al meditar sobre el tema de este libro llamado Inextinguible, me he dado cuenta de que cuando Dios se acerca y toca nuestras vidas, este contacto es con tan celos santos. ¡Dios es recto y cumplirá cada palabra que nos promete!

A menudo me he preguntado el "por qué" y el "como" una persona puede alejarse de ese contacto, siendo que es el tipo sobrenatural; sin embargo, muchos tienen el desafío de mantenerse en el flujo del fuego de Dios.

Como he escrito en lugares anteriores en este escrito, uno es verdaderamente responsable por el don de la vida que Dios ha dado. Uno es ser mayordomo del fuego de Dios en sus vidas. No tengo dudas de que el hombre debe seguir su camino protegiendo todo lo precioso que Dios ha puesto a su cuidado.

Nacido de la Esterilidad

En este capítulo, quiero resaltar la vida de Sansón. Sansón fue una figura muy distinguida en el reino de Dios. Aunque era cien por ciento hombre, Sansón no era tu siervo ordinario del Señor. Había sido elegido por el Señor para llevar realizar algunas instrucciones específicas.

En el capítulo 13 del libro de Jueces, descubrimos algunas cosas que serán gran interés.

Por un lado, el pueblo de Dios había perdido el rumbo nuevamente y ya no caminaba en favor del Señor. Pecar y caer en manos del enemigo por el juicio de Dios se había convertido en algo común para ellos.

Después de estar en la esclavitud del enemigo por una temporada, clamarían y Dios levantaría un libertador para sacarlos de la esclavitud. Luego continuarían por otra temporada de caminar en arrepentimiento, y luego caerían nuevamente. Esto viene de hace años.

Sansón: ¡El Hombre Que Reveló Su Corazón al Diablo!

Fue durante una de estas ataduras a los filisteos (que duro 40 años) que Dios envió un ángel para hablar con la esposa de Manoa, (que más tarde se convertiría en la madre de Sansón). Hasta este momento, la esposa de Monoa no había podido tener hijos. Es entonces cuando el ángel del Señor se le apareció y le dijo, **"A esta mujer apareció el ángel de Jehová, y le dijo: He aquí que tú eres estéril, y nunca has tenido hijos; pero concebirás y darás a luz un hijo. Ahora, pues, no bebas vino ni sidra, ni comas cosa inmunda. Pues he aquí que concebirás y darás a luz un hijo; y navaja no pasará sobre su cabeza, porque el niño será nazareo a Dios desde su nacimiento, y él comenzará a salvar a Israel de mano de los filisteos."** (Jueces 13:3-5)

La Escritura nos dice que Sansón nació de una matriz estéril. Dice que creció, y el Señor lo bendijo. También dice que el Espíritu del Señor comenzó a moverse sobre él.

Obviamente, Dios tiene un plan para este hombre, ya que el Señor lo había establecido y había encendido el fuego en su corazón para hacer su obra.

¡Puerta Extraña de Oportunidad!

Sucedió en el capítulo 14 que Sansón fue a Timnat. ¿Por qué Sansón iría a pasar el reto en el país filisteo eran enemigos de Israel, ¿Por qué salió allí? Bueno, descubramos…

Cuando Sansón visita este lugar, encuentra a una mujer de una de las hijas de los filisteos que le gusta mucha. Él le dice sus padres que le gusta y la quiere. Obviamente, el padre no está de acuerdo y le da a Sansón otras opciones para encontrar una esposa entre sus propias personas.

Aunque los padres no entendían por qué Sansón se sentía así por esta mujer de Timnat, eventualmente lo permitieron.

La Escritura luego dice que fue Dios quien estuvo detrás de todo esto. ¿Qué tal esto para aquellos que tienen una teología estricta sobre lo que es la santidad? Escucha esta palabra: **"Mas su padre y su madre no sabían que esto venia de Jehová, porque el buscaba ocasión contra los filisteos; pues en aquel tiempo los filisteos dominaban sobre Israel." (Jueces 14:4)**

El Acertijo

Después de este evento, Dios siguió trabajando. Mientras estuvo en Timnat, Sansón tuvo algunas hazanas geniales. Sansón finalmente se casó y planteo su acertijo infame. Fue a través de este enigma que desafío a los treinta hombres en su boda y realizo una apuesta con ellos. **"Y Sansón les dijo: Yo os propondré ahora un enigma, y si en los siete días del banquete me lo declaráis y descifráis, yo os daré treinta vestidos de lino y treinta vestidos de fiesta. Mas si no me lo podéis declarar,** entonces vosotros me daréis a mí los treinta vestidos de lino y los vestidos de fiesta.'" (Jueces 14:12-13)

¿Qué fue tan significativo sobre este acertijo? No parecía nada aun, pero Dios lo uso para ampliar aún más las posibilidades de un mayor conflicto con los filistinos.

Fue entonces cuando los treintas hombres no pudieron entender el enigma que, en consecuencia, amenazaron a la esposa de Sansón. La atrajeron y le pidieron que descubriera el enigma preguntándole a su esposo.

Le ordenaron que hiciera esto o ella y la casa de su padre quemarían.

Ella le suplico y le suplico a Sansón hasta que él le conto el acertijo. Fue aquí donde Sansón se enojó mucho; solo escucha la palabra: **"Y el Espíritu de Jehová vino sobre él, y descendió a Ascalón y mato a treinta hombres de ellos; y tomando sus despojos, dio las mudas de vestidos a los que habían explicado el enigma; y encendido en enojo se volvió a la casa de su padre. Y la mujer de Sansón fue dada a su compañero, al cual él había tratado como su amigo."** (Jueces 14:19-20)

Aquí hay un hombre de fuego, un hombre de profundo llamado y convicción. Sansón es un hombre bajo un mando y está siendo desafiado a una vida de mayor integridad y compostura. Perdió la apuesta que había hecho usando el acertijo, y perdió a su esposa. ¡Estaba furioso!

Cuando permitimos que el dolor abra paso en nosotros, nos abrimos a tantos otros peligros. Una vez que nos salimos de control en nuestro espíritu, cualquier cosa puede suceder si no medimos nuestro caminar con sabiduría.

¡Sansón es Desafiado Nuevamente!

"Aconteció después de algún tiempo que en los días de la siega del trigo Sansón visito a su mujer con un cabrito, diciendo: Entrare a mi mujer en el aposento. Mas el padre de ella no lo dejo entrar. Y dijo el padre de ella: Me persuadí dque la aborrecías, y la di a tu compañero. Mas su hermana menor, ¿no es más hermosa que ella? Tomalá, pues, en su lugar." (Jueces 15:1,2)

Después de que su ira disminuyo al perder su apuesta con los treinta hombres, volvió a buscar a su esposa. Para su sorpresa, su esposa había sido entregada a su compañero. Esto no le sentó bien a Sansón, y él estaba enojado una vez más.

¿Ves lo que está pasando aquí? Cuando un hombre no controla su propio espíritu, terminara cayendo en innumerables percances. Debemos protegernos de todo esto y prestar atención a nuestro espíritu.

Cuando Sansón escucho a su ex suegro decirle que su esposa había sido entregada a su compañero, se enojó mucho y juro destruir a los filisteos. Ato a trescientos zorros cola con cola y los prendió en fuego. Las zorras corrieron hacia los campos de grano y quemaron todo a su paso. Los filisteos luego cuestionaron que había hecho esto y se vengaron de la ex esposa y suegro de Sansón.

"Entonces Sansón les dijo: Ya que así habéis hecho, juro que me vengaré de vosotros, y después desistiré. Y los hirió cadera y muslo con gran mortandad; y descendió y habito en la cueva de la pena de Etam." (Jueces 15:7-8)

Sansón volvió a jurar vengarse de los filisteos y no se detendría hasta que cumpliera su propósito.

Fue arrestado por su propia gente y puesto bajo custodia. Se acordó que su propio pueblo lo entregaría en manos de los filisteos. Estaba atado con cuerdas, y cuando los filisteos lo vieron, gritaron y corrieron hacia él. El Espíritu del Señor vino sobre Sansón, y tomo una quijada de un asno y mato a mil de ellos. Luego gobernó como juez durante los siguientes veinte años.

¡Once Piezas de Plata!

Ahora, Sansón no era un santo. Lucho con las mujeres. Esto es obvio de ver al leer las Escrituras. **"Fue Sansón a Gaza, y vio allí a una ramera, y se llegó a ella."** (Jueces 16:1)

Le gustaban las rameras y todo tipo de cosas ilícitas. Sus padres no apoyaron esto, y cuando se trataba de casarse con esa mujer de Timnat, lo vemos una vez más jugando con otra ramera.

¿Qué te dice eso? Nos dice que hay una controversia en el centro de la vida de este hombre. Si, Sansón está ungido; Si, Sansón es poderoso en Dios; pero Sansón también es un "pato sentado" para el enemigo y un objetivo para la seducción y la estrategia del enemigo.

"Después de esto aconteció que se enamoró de una mujer en el valle de Sorec, la cual se llamaba Dalila. Y vinieron a ella los príncipes de los filisteos, y le dijeron: Engáñale e infórmate en que consiste su gran fuerza, y como lo podríamos vencer, para que lo atemos y lo dominemos; y cada uno de nosotros te dará mil siclos de plata." (Jueces 16:4-5)

El enemigo estaba alborotado y no iba a dejar de atacar al siervo de Dios, al menos hasta que descubriera como derribarlo y destruirlo. Este es siempre el objetivo del enemigo: ¡apagar el instrumento de Dios!

El enemigo no pudo encontrar la oportunidad perfecta en la vida de Sansón hasta este punto. El enemigo ya había probado la ira, el coraje, los celos y la lujuria para tratar de detener el vaso de Dios, pero todo fue en vano. ¡Entonces sucedió!

Sansón tuvo un problema con muchas cosas, pero se las arregló para mantenerse alejado de la idolatría o al menos de comprometer su propio corazón y entregarse a cualquier cosa que no fuera Jehová Dios. Después de todo, ¡sansón era un hombre de voto nazareo y ungido poderosamente!

Las escrituras nos dicen en el capítulo 16 de Jueces que Sansón amaba a una mujer en el valle de Sorec, que se llamaba Dalila, Esta era la mujer elegida por el mismo Satanás, elegida a mano por el diablo, para hacer todo lo posible para derribar a Sansón.

Aquí esta lo que el diablo persigue en cada hombre o mujer de Dios:
1. Donde hay una gran fuerza en nosotros;
2. Diferentes medios para dominarnos;
3. Con el propósito de atarnos y afligirnos.

A Dalila le pagaron mucho dinero para descubrir el secreto detrás de la vida de Sansón. ¿Era el hombre poderoso? ¡Si, el era!

¿Era poderoso en Dios? ¡Si, el era! ¿Era el un guardián del voto nazareo? ¡Si, lo era! ¡Obviamente, Sansón iba ser desafiado al corazón de su ser espiritual!

Revelando Tu Corazón al Diablo

"Y ella le dijo: ¿Cómo dices: Yo te amo, cuando tu corazón no está conmigo? Ya me has engañado tres veces, y no me has descubierto aún en qué consiste tu gran fuerza. Y aconteció que, presionándole ella cada día con sus palabras e importunándole, su alma fue reducida a mortal angustia. Le descubrió, pues, todo su corazón, y le dijo: Nunca a mi cabeza llegó navaja; porque soy nazareo de Dios desde el vientre de mi madre. Si fuere rapado, mi fuerza se apartará de mí, y me debilitaré y seré como todos los hombres. Viendo Dalila que él le había descubierto todo su corazón, envió a llamar a los principales de los filisteos, diciendo: Venid esta vez, porque él me ha descubierto todo su corazón. Y los principales de los filisteos vinieron a ella, trayendo en su mano el dinero." (Jueces 16:15-18)

Después de que se completaron los tres intentos fallidos de Dalila de descubrir el poder de Sansón, ella finalmente ella le dijo, **"¿Cómo dices: Yo te amo, cuando tu corazón no está conmigo? Ya me has engañado tres veces, y no me has descubierto aún en qué consiste tu gran fuerza."** (Jueces 16:15)

Si el enemigo tienta nuestras mentes, podemos reprender fácilmente las vanas imaginaciones y tomar autoridad sobre cualquier principado y poder. Ahora, cuando el enemigo se apodera de nuestro corazón, y nos enamoramos de su corazón (la idea o la mentira), nuestras vidas estarán en peligro de sucumbir a la táctica y estrategia del enemigo.

¡Al diablo le encantaría que le entregáramos nuestros corazones!

Le encantaría que entregáramos nuestro corazón y voluntad a él; ¡De esta manera dominaría más fácilmente nuestras acciones y controlaría nuestro destino!

El enemigo hará lo que Dalila nos mostró: **"Y aconteció que, presionándole ella cada día con sus palabras e importunándole, su alma fue reducida a mortal angustia. Le descubrió, pues, todo su corazón..."** (Jueces 16:16, 17a)

Aquí hay un par de características que el diablo usa en su enfoque destructivo:

1. Ella lo molesto con sus palabras
2. Ella lo presiono

La palabra *molesto* significa traer angustia. Hay veces que cuando ciertas personas hablan, no nos traen mas que pura angustia.

¿Que es angustia? Angustia es experimentar anciedad, tristeza o dolor. ¿Conoce personas que han traido esto a su vida?

La palabra *presión* significa *instar*. Cada vez que te sientas presionado a actuar en tu vida, generalmente no es Dios quien te esta hablando. Puede ser tu carne o el diablo, pero Dios no te insta a hacer nada a menos sea muy específico.

¡Sansón Finalmente Revela el Secreto!

"Nunca a mi cabeza llegó navaja; porque soy nazareo de Dios desde el vientre de mi madre. Si fuere rapado, mi fuerza se apartará de mí, y me debilitaré y seré como todos los hombres." (Jueces 16:17)

Después de mucha presión aplicada por Dalila, sansón revelo el gran secreto de su gran poder. Mis amigos, este fue el principio del fin para este siervo de Dios. ¿Qué estaba en juego aquí? ¡El favor de Dios! ¡La unción de Dios! ¡La protección de Dios! ¡La visión de Dios!

Una vez que se rompió el voto nazareno, el poder dejo a Sansón. Creo que Dios nos confía a todos sus hijos, su unción. El prepara un cierto llamado para cada uno de nosotros, pero para que esto se cumpla en todo su potencial, ¡uno también debe convertirse y seguir siendo esa vasija especial que Dios llamo a ser! Sansón dejo de ser esa vasija.

El Poder Se Fue

"Y le dijo: ¡Sansón, los filisteos sobre ti! Y luego que despertó él de su sueño, se dijo: Esta vez saldré como las otras y me escaparé. Pero él no sabía que Jehová ya se había apartado de él." (Jueces 16:20)

Una vez que Dalila puso a Sansón a dormir, hizo que un filisteo viniera y le afeitara la cabeza. Mientras Sansón dormía, ¡su poder lo dejo! Cuando ella le dijo a Sansón que los filisteos estaban sobre él, él se despertó de su sueño y, completamente convencido de que todavía estaba lleno de poder, se dijo a sí mismo: **"¡Saldré como antes, en otras ocasiones y me libraré! Pero él no sabía que el Señor se había apartado de él."**

Sansón nunca pensó en la perdida de poder. ¡No tomo en serio el voto nazareo! Ahora estaba encantado por Dalila y no tenia idea de que el Señor lo estaba dejando. ¿No es esto trágico? ¿No es esta una historia para todas las edades?

¡Sin Ojos No Hay Visión!

"Mas los filisteos le echaron mano, y le sacaron los ojos, y le llevaron a Gaza; y le ataron con cadenas para que moliese en

la cárcel." (Jueces 16:21)

Después de que Sansón perdió su unción y poder, también perdió su visión. ¡Sus ojos estaban apagados! Luego fue atado con cadenas de bronce y se convirtió en un molinillo en la prisión.

Sansón perdió su unción, su lugar en Dios, su visión y su fuerza también fueron quitados, por lo que su ministerio fue cancelado, mientras el molía en la prisión.

¿Se suponía que esto sucediera en la vida de Sansón? ¿Era lo mejor de Dios para este hombre bajo un voto nazareno? ¿Se reunió Dios con la intención de usar a Sansón como una ilustración de un hombre que perdió el fuego de Dios?

La historia parece demasiado trágica para leer. Es un testimonio doloroso de lo que sucede a un corazón no rendido, un corazón que se niega a ceder al orden divino de Dios.

Sansón tuvo problemas como mucho de nosotros, sin embargo, sus pecados diarios solo lo llevaron al gran pecado de romper su única fuente de poder, ¡el voto nazareno!

El enemigo comienza con cosas pequeñas y luego se familiariza mejor con nosotros y comienza a exigirnos más. Comenzó con ira y rabia en la vida de Sansón; después de esto se movió a la lujuria. Una vez que estuvo en este lugar, paso a ser dueño del corazón de Sansón. Cuando el enemigo consiguió que Sansón compartiera su corazón con Dalila, ¡el final no estaba lejos!

Sansón perdió su fuego porque se volvió flojo y negligente al mantener su voto nazareno a Jehová Dios. ¡Esto es todo lo que el enemigo siempre quiso de Sansón, detenerlo! ¡Que esta lección nos sirva bien!

Capitulo 9

Rey Salomón:
¡El Hombre Que No Se Apartó Para Dios!

"Y descendieron el sacerdote Sadoc, el profeta Natán, Benaía hijo de Joiada, y los cereteos y los peleteos, y montaron a Salmon en la mula del rey David, y lo llevaron a Gihon. Y tomando el sacerdote Sadoc el cuerno del aceite del tabernáculo, ungió a Salomón; y tocaron trompeta, y dijo todo el pueblo: ¡Viva el rey Salomón! Después subió todo el pueblo en pos de el, y cantaba la gente con flautas, y hacían grandes alegrías que parecía que la tierra se hundía con el clamor de ellos." (1 Reyes 38-40)

Este es un gran comienzo en la vida de un hombre. Esto es lo que cualquier individuo anhela al comenzar una nueva empresa o esfuerzo. Salomón había sido elegido rey de Israel para reemplazar a su padre, David. ¡Todo estaba en su lugar y Salomón estaba a punto de experimentar el viaje de su vida!

Recuerdo el día en que fui ordenado ante el Concilio del Distrito de las Asambleas de Dios en Houston, Texas. De hecho fue una noche inolvidable. Junto con otros ocho ministros que recibiría la ordenación esa noche, nunca me había sentido tan humilde y al mismo tiempo privilegiado de servir a Dios con todos mis talentos, dones y toda la gracia que Dios me había dado.

Cuando se dio el mensaje y surgió el desafío de **"predicar la palabra a tiempo y fuera de tiempo"**, mi corazón se sintió tan empoderado. ¡Fue el verdadero negocio! El resto de la noche transcurrió según lo planeado: la imposición de manos por parte del presbiterio, las palabras proféticas, la unción con aceite y la recepción de un manto, lo hizo tan abrumador. Siempre estaré agradecido con Dios por permitirme haber experimentado esa hermosa experiencia hace muchos anos.

De ninguna manera me estoy comparando con la unción del Rey Salomón, pero entiendo algo de la emoción que se produjo cuando el sacerdote Sadoc lo ungió con aceite.

"Dios dijo, ¡pide! ¿Qué te voy a dar?"

**"Mas Salomón amo a Jehová, andando en los estatutos de su padre David; solamente sacrificaba y quemaba incienso en los lugares altos. E iba el rey a Gabaón, porque aquel era el lugar alto principal, y sacrificaba allí; mil holocaustos sacrificaba Salomón sobre aquel altar. Y se le apareció Jehová a Salomón en Gabaón una noche en sueños, y le dijo Dios: Pide lo que quieras que yo te de. Y Salomón dijo: Tu hiciste gran misericordia a tu siervo David mi padre, porque el anduvo delante de ti en verdad, en justicia, y con rectitud

El Rey Salomón: ¡El Hombre Que No Se Apartó Para Dios!'

de corazón para contigo; y tu le has reservado esta tu gran misericordia, en que le diste hijo que se sentase en su trono, como sucede en este dio. Ahora pues, Jehová Dios mío, tu me has puesto a mi tu siervo por rey en lugar de David mi padre; y yo soy joven, y no se como entrar ni salir. Y tu siervo esta en medio de tu pueblo al cual tu escogiste; un pueblo grande, que no se puede contar ni numerar por su multitud. Da, pues, a tu siervo corazón entendido para juzgar a tu pueblo, y para discernir entre lo bueno y lo malo; porque ¿Quién podrá gobernar este tu pueblo tan grande? Y agrado delante del Señor que Salomón pidiese esto. Y le dijo Dios: Porque has demandado esto, y no pediste para ti muchos días, ni pediste para ti riquezas, ni pediste la vida de tus enemigos, sino que demandaste para ti inteligencia para oír juicio. He aquí lo he hecho conforme a tus palabras; he aquí que te he dado corazón sabio y entendido, tanto que no a habido antes de ti otro como tu, ni después de ti se levantara otro como tu. Y aun también te he dado las cosas que no pediste, riquezas y gloria, de tal manera que entre los reyes ninguno haya como tu en todos tus días. Y si anduvieres en mis caminos, guardando mis estatutos y mis mandamientos, como anduvo David tu padre, yo alargare tus días. Cuando Salomón despertó, vio que era un sueño; y vino a Jerusalén, y se presento delante del arca del pacto de Jehová, y sacrifico holocaustos y ofreció sacrificios de paz, e hizo también banquete a todos sus siervos. (1 Reyes 3:3-15)

El Rey Salomón: ¡El Hombre Que No Se Apartó Para Dios!'

Este conjunto de Escrituras comienza diciendo que **"Salomón amaba al Señor."** ¡Oh, las cosas grandes que Dios puede hacer en nosotros y a través de nosotros cuando nuestras prioridades son correctas! Cuando nos encontremos en alienación con Dios y su voluntad, todo ira bien.

Cuando Dios encuentra a una persona que esta dispuesta a ser usada y esa persona se entrega totalmente a Dios, no se sabe todo lo que el Señor puede lograr a través de esa persona.

Salomón inmediatamente reconoció su propia falta ante Dios: Dijo: **"Soy un niño pequeño y no se como salir ni entrar."**

Comprendió que el pueblo de Dios era numeroso y que su capacidad para liderar en la carne era casi imposible. Entonces Salomón clamo a Dios y dijo: **"Da, pues, a tu siervo corazón entendido para juzgar a tu pueblo, y para discernir entre lo bueno y lo malo."** La escritura dice que "agrado delante del Señor que Salomón pidiese esto."

Dios Derrama Sabiduría Sobre Salomón

"Porque has demandado esto, y no pediste para ti muchos días, ni pediste para ti riquezas, ni pediste la vida de tus enemigos, sino que demandaste para ti inteligencia para oír juicio. He aquí lo he hecho conforme a tus palabras; he aquí que te he dado corazón sabio y entendido, tanto que no a habido antes de ti otro como tu, ni después de ti se levantara otro como tu. Y aun también te he dado las cosas que no pediste, riquezas y gloria, de tal manera que entre los reyes ninguno haya como tu en todos tus días. Y si anduvieres en mis caminos, guardando mis estatutos y mis mandamientos, como anduvo David tu padre, yo alargare tus días." (1 Reyes 3:1-14)

Dios estaba tan verdaderamente conmovido por la petición de Salomón, que le dio sabiduría y un corazón comprensivo. Dios le dijo a Salomón que no habría otro rey antes o después de el que se pudiera comparar con el. ¡Junto con la sabiduría, Dios le prometió a Salomón riquezas y honor1 Recuerde lo que Dios le dijo a Salomón: **"Porque has demandado esto, y no pediste para ti muchos días, ni pediste para ti riquezas, ni pediste la vida de tus enemigos, sino que demandaste para ti inteligencia para oír juicio…"** (1 Reyes 3:11)

¡La Promesa!

Al bendecir a Salomón, Dios también le revelo esta nota: **"Y si anduvieres en mis caminos, guardando mis estatutos y mis mandamientos, como anduvo David tu padre, yo alargare tus días."**

¡Inextinguible! | 87

El Rey Salomón: ¡El Hombre Que No Se Apartó Para Dios!'

El Señor le dijo a Salomón que si caminaba en todos sus caminos, sus días se alargarían. Todo lo que Salomón tenia que hacer era seguir siendo guiado por las palabras de Dios y todo quedaría establecido.

Después de esto, Salomón entendió la promesa de Dios: **"Cuando Salomón despertó, vio que era un sueno; y vino a Jerusalén, y se presento delante del arca del pacto de Jehová, y sacrifico holocaustos y ofreció sacrificios de paz, e hizo también banquete a todos sus siervos."**

Aquí hay algo para recordar, la ley de la siembra y la cosecha siempre esta activa mientras vivimos nuestras vidas. Si sembramos bien, cosecharemos bien. Lo que sembramos, lo obtenemos. Si Salomón caminaba en los caminos de Dios, el reino se establecería y sus días se alargarían.

Grandes Logros

Fue evidente después de este encuentro que la sabiduría de Dios acompaño al rey Salomón. Juzgo bien y fue muy honrado por el Señor.

Tenia la atención del mundo. Su sabiduría no se parecía a nada visto ni oído. Fue durante este tiempo que el rey Salomón comenzó a construir el templo para el Señor. Este proyecto de construcción fue realmente asombroso en todos los sentidos que pueda imaginar. Estaba hecho de oro y exhibía todo tipo de arte. Fue ralamente fenomenal. Este proyecto le tomo uno siete anos para completar.

Lo que quiero saber es lo siguiente: ¿Estaba el rey Salomón enfrentando todo tipo de tentaciones mientras construía la casa del Señor? ¿Fue vencido por la lujuria y el poder? ¿Estaba haciendo todo lo posible por reprimirlo? Te hace preguntarte… Y luego la Escritura dice que después de que termino de construir el Templo, puso su corazón en construir su propia casa: **"Después edifico Salomón su propia casa en trece anos y la termino toda."** (1 Reyes 7:1)

Su casa quitaba el aliento. Fue tan impresionante que la gente quedo asombrada.

¿Estas Reemplazando Con Tus Manos Lo Que Ha Perdido Tu Alma?

He aprendido algo sobre las emociones de Dios. Cuando estamos preocupados por nosotros mismos, tendemos a descuidar la presencia de Jesús. Cuando nuestra carne se divierte, nuestro hombre interior esta triste. Cuando nos sentimos vacíos espiritualmente, decidimos llenar nuestro vacío con obras vacías. ¡Hacemos todo tipo de proyectos para pacificar el vacío que sen-

El Rey Salomón: ¡El Hombre Que No Se Apartó Para Dios!'

timos dentro! Creo que el rey Salomón había llegado a un lugar similar a este. Leamos un poco mas…

¡El Gato Ya Salio de la Bolsa!

"Pero el rey Salomón amo, además de la hija de Faraón, a muchas mujeres extranjeras; a las de Moab, a las de Amon, a las de Edom, a las de Sidon, y a los heteas; gentes de las cuales Jehová había dicho a los hijo de Israel; No os llegareis a ellas, ni ellas se llegaran a vosotros, porque ciertamente harán inclinar vuestros corazones tras sus dioses. A estas, pues, se junto Salomón con amor. Y tuvo setecientas mujeres reinas y trecientas concubinas; y sus mujeres desviaron su corazón. Y cuando Salomón era ya viejo, sus mujeres inclinaron su corazón tras dioses ajenos, y su corazón no era perfecto con Jehová su Dios, como el corazón de su padre David. Porque Salomón siguió a Astoret, diosa de los sidonios, y a Milcom, ídolo abominable de los amonitas. E hizo Salomón lo malo ante los ojos de Jehová, y no siguió cumplidamente a Jehová como David su padre. Entonces edifico Salomón un lugar alto a Quemos, ídolo abominable de Moab, en el monte que esta enfrente de Jerusalén, y a Moloc, ídolo abominable de los hijos de Amón. Así hizo para todas sus mujeres extranjeras, las cuales quemaban incienso y ofrecían sacrificios a sus dioses." (1 Reyes 11:1-8)

El Rey Salomón: ¡El Hombre Que No Se Apartó Para Dios!'

¡El gato esta fuera de la bolsa! La Escritura dice que el rey Salomón amaba muchas mujeres extranjeras, de las naciones de la cuales el Señor había dicho a los hijos de Israel: **"No os llegareis a ellas, ni ellas se llegaran a vosotros"**

Al leer el texto, Dios no quería que su pueblo se involucrara con mujeres extranjeras porque Dios entendía el poder de la mujer.

El sabia que las mujeres extranjeras adoraban a los ídolos y también sabia que los hombres no tenían control sobre enamorarse de estas mujeres paganas. ¡Sabia que el rey Salomón terminaría haciendo algo que le causaría mucho dolor y eventualmente lo derribaría!

A medida que paso el tiempo, el rey Salomón consiguió setecientas esposas y trescientas concubinas. La Escritura dice que **"se aferro a ellas con amor"**. Después de que el rey Salomón creció, sus esposas desviaron su corazón en pos a otros dioses, y su corazón no era leal al Señor su Dios, como lo era su padre David.

El rey Salomón finalmente hizo altares y el mismo fabrico ídolos. Las escrituras dicen, **"E hizo Salomón lo malo ante los ojos de Jehová, y no siguió cumplidamente a Jehová como David."**

El Rey Salomón: ¡El Hombre Que No Se Apartó Para Dios!'

¿Ves como paso todo esto? ¿Puedes decir en que lugar de la vida del rey Salomón lo dejo el fuego? ¿Fue después de que le sobreviniera la unción? ¿Fue durante los tiempos en que el mundo le aplaudía por sus logros? ¿Fue durante la construcción del templo del Señor o su propia casa? ¿Cuándo sucedió?

¡El Reino Le Es Quitado!

"Y se enojo Jehová contra Salomón, por cuanto su corazón se había apartado de Jehová Dios de Israel, que e le había aparecido dos veces, y le había mandado acerca de esto, que no siguiese a dioses ajenos; mas el no guardo lo que le mando Jehová. Y dijo Jehová a Salomón: Por cuanto ha habido esto en ti, y no has guardado mi pacto y mis estatutos que yo te mande, romperé de ti el reino, y lo entregare a tu siervo. Sin embargo, no lo hare en tus días, por amor a David tu padre; lo romperé de la mano de tu hijo. Pero no romperé todo el reino,, sino que daré una tribu a tu hijo, por amor a David mi siervo, y por amor a Jerusalén, la cual yo he elegido." (1 Reyes 11:9-13)

Después de que Dios hablo con el rey Salomón dos veces sobre el asunto de su corazón descarriado, Dios se enojo con el rey Salomón. Esto es lo que Dios le dijo a Salomón: **"Por cuanto ha habido esto en ti, y no has guardado mi pacto y mis estatutos que yo te mande, romperé de ti el reino, y lo entregare a tu**

El Rey Salomón: ¡El Hombre Que No Se Apartó Para Dios!'

siervo."

Así como Dios le prometió al rey Salomón buena fortuna si caminaba en todo sus caminos; Dios también prometió "arrancar" el reino de la manos del rey Salomón si no seguía su dirección. Se lo quito todos poco a poco. ¿No es esto una tragedia?

¡Los Enemigos del Rey Salomón Fueron Levantados por Dios!

"Y Jehová suscito un adversario a Salomón: Hadad edomita, de sangre real, el cual estaba en Edom. (1 Reyes 11:14)

"Dios también levanto por adversario contra Salomón a Rezón hijo de Eliada, el cual había huido de su amo hadad-ezer, rey de Soba. (1 Reyes 11:23)

"También Jeroboam hijo de Nabat, efrateo de Sereda, siervo de Salomón, cuya madre se llamaba Zerua, la cual era viuda, alzo su mano contra el rey." (1Reyes 11:26)

Cuando el rey Salomón no volvió su corazón a la voluntad de Dios, el Señor desató una prueba tan ardiente sobre el para traerlo de regreso al lugar de donde había caído.

Dios, en su misericordia, ira tras sus siervos cuando hayan perdido el fuego. El no permitirá que nos alejemos tanto que no vendrá por nosotros a reprendernos y disciplinar nuestra vida.

¡El Hace Esto Porque Realmente Nos Ama!

El reino finalmente le fue quitado, y Salomón pago el precio por no seguir al Señor. En todo esto, debemos aprender una de las lecciones mas importantes de la vida: ¡estar siempre conscientes de la voluntad del Señor en nuestras vidas y asegurarnos de estar siempre en el centro de ella!

Si el fuego comienza a apagarse, no es porque Dios este eliminando el elemento; si el fuego se esta agotando y se apaga, probablemente sea porque no hay aceite en la lámpara, probablemente sea porque no hay trituración del olivo, ni sometimiento de nosotros mismos.

Capítulo 10

¿Qué Le Pasó al Rey Uzías?

"Entonces todo el pueblo de Judá tomó a Uzías, el cual tenía dieciséis años de edad, y lo pusieron por rey en lugar de Amasías su padre. Uzías edificó a Elot, y la restituyó a Judá después que el rey Amasías durmió con sus padres. De dieciséis años era Uzías cuando comenzó a reinar, y cincuenta y dos años reinó en Jerusalén. El nombre de su madre fue Jecolías, de Jerusalén. E hizo lo recto ante los ojos de Jehová, conforme a todas las cosas que había hecho Amasías su padre. Y persistió en buscar a Dios en los días de Zacarías, entendido en visiones de Dios; y en estos días en que buscó a Jehová, él le prosperó. Y salió y peleó contra los filisteos, y rompió el muro de Gat, y el muro de Jabnia, y el muro de Asdod; y edificó ciudades en Asdod, y en la tierra de los filisteos. Dios le dio ayuda contra los filisteos, y contra los árabes que habitaban en Gur-baal, y contra los amonitas. Y dieron los amonitas presentes a Uzías, y se divulgó su fama hasta la frontera de Egipto; porque se había hecho altamente poderoso. Edificó también Uzías torres en Jerusalén, junto a la puerta del ángulo, y junto a la puerta del valle, y junto a las esquinas; y las fortificó. Asimismo, edificó torres en el desierto, y abrió muchas cisternas; porque tuvo muchos ganados, así en la Sefela como en las vegas, y viñas y labranzas, así en los montes como en los llanos fértiles; porque era amigo de la agricultura. Tuvo también Uzías un ejército de guerreros, los cuales salían a la guerra en divisiones, de acuerdo con la lista hecha por mano de Jeiel escriba, y de Maasías gobernador, y de Hananías, uno de los jefes del rey. Todo el número de los jefes de familia, valientes y esforzados, era dos mil seiscientos. Y bajo la mano de éstos estaba el ejército de guerra, de trescientos siete mil quinientos guerreros poderosos y fuertes, para ayudar al rey contra los enemigos. Y Uzías preparó para todo el ejército escudos, lanzas, yelmos, coseletes, arcos, y hondas para tirar piedras. E hizo en Jerusalén máquinas inventadas por ingenieros, para que estuviesen en las torres y en los baluartes, para arrojar saetas y grandes piedras. Y su fama se extendió lejos, porque fue ayudado maravillosamente, hasta hacerse poderoso. Mas cuando ya era fuerte, su corazón se enalteció para su ruina; porque se rebeló contra Jehová su Dios, entrando en el templo de Jehová para quemar incienso en el altar del incienso. Y entró tras él el sacerdote Azarías, y con él ochenta sacerdotes de Jehová, varones valientes. Y se pusieron contra el rey Uzías, y le dijeron: No te corresponde a ti, oh Uzías, el quemar incienso a Jehová, sino a los sacerdotes hijos de Aarón, que son consagrados para quemarlo. Sal del santuario, porque has prevaricado, y no te será para gloria delante de Jehová Dios. Entonces Uzías, teniendo en la mano un incensario para ofrecer incienso, se llenó de ira; y en su ira contra los sacerdotes,

¿Qué Le Pasó al Rey Uzías?

la lepra le brotó en la frente, delante de los sacerdotes en la casa de Jehová, junto al altar del incienso. Y le miró el sumo sacerdote Azarías, y todos los sacerdotes, y he aquí la lepra estaba en su frente; y le hicieron salir apresuradamente de aquel lugar; y él también se dio prisa a salir, porque Jehová lo había herido. Así el rey Uzías fue leproso hasta el día de su muerte, y habitó leproso en una casa apartada, por lo cual fue excluido de la casa de Jehová; y Jotam su hijo tuvo cargo de la casa real, gobernando al pueblo de la tierra. Los demás hechos de Uzías, primeros y postreros, fueron escritos por el profeta Isaías, hijo de Amoz. Y durmió Uzías con sus padres, y lo sepultaron con sus padres en el campo de los sepulcros reales; porque dijeron: Leproso es. Y reinó Jotam su hijo en lugar suyo." (2 Crónicas 26:1-23)

Exitoso a los Dieciséis Años de Edad

Quiero compartir un poco de lo que la escritura ya muestra sobre el Rey Uzías, y espero traerte a este lugar de mayor comprensión en Dios con respecto a la vida de este hombre.

Cuando el Rey Amasias murió, (el padre de Uzías) fue elegido para ser rey de Juda. A la tierna edad de dieciséis años, este joven fue ungido para ser un líder. La gente siempre se ha preguntado si una persona joven puede liderar. ¡La respuesta es sí! Uzías fue un restaurador muy influyente. Reino en Juda durante cincuenta y dos años, y no era un vaso común en su tiempo. La Escritura dice que, **"E hizo lo recto ante los ojos de Jehová, conforme a todas las cosas que había hecho Amasías su padre. Y persistió en buscar a Dios en los días de Zacarías, entendido en visiones de Dios; y en estos días en que buscó a Jehová, él le prosperó."**

El joven Rey Uzías no se quedó solo, sino que, en algún lugar a lo largo de la línea, recibió instrucciones de un hombre de oración. De hecho, las escrituras verifican además que Uzías fue instruido en el temor del Señor por Zacarias. ¡Que privilegio! ¡que mentor tener en la vida! La escritura continúa diciendo que, **"y en estos días en que buscó a Jehová, él le prosperó."**
"

¿Es de extrañar que este joven fuera tan poderoso como se volvió? Busco a Dios, y Dios lo hizo exitoso. ¿Dónde hemos escuchado eso antes? Esta en toda la palabra de Dios. Este es el estándar. ¡Este es el camino de Dios hacia cualquier forma de avance!

Uzías: El guerrero de Dios

La escritura en 2 de Crónicas 26:7-15, nos da una idea de Uzías el hombre de guerra. Avanzo contra lo filisteos a voluntad, porque Dios estaba con él. No había nada que Uzías no pudieran hacer, porque Señor continuó guiándolo.

¿Qué Le Pasó al Rey Uzías?

Su fama comenzó a extenderse por todas partes. Incluso los amonitas comenzaron a rendirle homenaje, porque se hizo poderoso. **"Asimismo, edificó torres en el desierto, y abrió muchas cisternas; porque tuvo muchos ganados, así en la Sefela como en las vegas, y viñas y labranzas, así en los montes como en los llanos fértiles; porque era amigo de la agricultura."** Aparentemente, Uzías siguió creciendo y creciendo externamente.

Su ejército se volvió extremadamente poderoso y parecía que nada podría detener a este poderoso hombre de Dios. No había duda en el corazón de nadie de que Uzías era el hombre de Dios para ese tiempo; parecía que todo lo que Uzías tocaba se convertiría en oro.

Poco se sabia que el Rey Uzías estaba a punto de pasar la prueba más grande de su vida. Si, una prueba que involucraría su carácter, compromiso y su verdadero amor por Dios.

¡Después de que el poder se establezca!

"Mas cuando ya era fuerte, su corazón se enalteció para su ruina; porque se rebeló contra Jehová su Dios..."

En algún lugar de la vida de Uzías, ya sea que fue advertido por un profeta o el mismo Señor, Uzías entro en un estado de orgullo. El poder que había alcanzado se convirtió en uno de sus

¡Inextinguible! | 99

mayores desafíos.

Mis queridos amigos, ¿no es esta una verdadera persona que anhela ser utilizada por el Señor? Un hombre comienza con humildad en su corazón y quebrantamiento en su espíritu, y cuando se da cuenta, este hombre ya esta buscando el favor del Señor.

Todo parece "llegar fácil" cuando el Señor abre y cierra las puertas para Él de acuerdo a su voluntad. La gente te esta alabando y amando por ser tan ungido y poderosamente usado por Dios.

La escritura continúa diciendo que Uzías se volvió infiel a Dios.

¿A que se parece esto? ¿Alguna vez lo has pensado? Esto es lo que creo que es la infidelidad al Señor: un hombre vestido de humildad, comenzó a confiar en el Señor después de obtener algunas victorias convincentes, este hombre ahora comienza a pensar en que él y Dios están tan cerca que se han convertido en "amigos," una vez que te conviertes en "amigo" de Dios, comienzas a compararte con tu amigo, porque crees que él es igual a ti. Empiezas a pensar que sabes un poco mas que tu amigo y pierdes el respeto y el honor que le debes a Dios. ¡Esto es lo que produce el orgullo!

Mi corazón se destruye por el golpe, ya que yo también he tenido esta vergonzosa experiencia. Pensando que era alguien especial y cuanto mas la gente me alababa por mi talento y mi don, mas lo creía. Entonces de repente, cuando me di cuenta, ¡El orgullo había inundado mi corazón! El siguiente paso hacia abajo es infidelidad al Señor y falta de respeto por todo lo que es piadoso y divino. ¿Cuántos han llegado a ese punto en sus vidas?

El Orgullo Lleva a la Confusión

"Entrado [Uzias] en el templo de Jehová para quemar incienso en el altar del incienso. Y entro tras el, el sacerdote Azarías, y con el ochenta sacerdotes de Jehová, varones valientes. Y se pusieron contra el rey Uzias, y le dijeron: No te corresponde a ti, oh Uzías, el quemar incienso a Jehová, sino a los sacerdotes hijos de Aarón, que son consagrados para quemarlo. Sal del santuario, por que has prevaricado, y no te será para gloria delante de Jehová Dios.'
Entonces Uzias, teniendo en la mano un incensario para ofrecer incienso, se lleno de ir; y en su ira contra los sacerdotes, la lepra le broto en la frente delante de los sacerdotes en la casa de Jehová, junto al altar del incienso. Y le miro el sumo sacerdote Azarías, y todos los sacerdotes, y he aquí la lepra estaba en su frente; e le hicieron salir apresuradamente de aquel lugar, y el también se dio prisa a salir, porque Jehová lo había herido. Así el rey Uzías fue leproso hasta el día de su muerte." (2 Crónicas 26:16b-21)

¿Qué Le Pasó al Rey Uzías?

Después de que el corazón de Uzias se lleno de orgullo, sintió que podía hacer lo que quisiera. Un espíritu de desorden inundo su vida, sintió que podía hacer lo que su orgulloso corazón deseara hacer. ¿Hay algo mas destructivo para un hombre que esto?

Uzias procedió con este espíritu y se aventuro al templo para quemar incienso al Señor. Ante esto, Azarías, el sacerdote y otros ochenta sacerdotes valientes lo confrontaron por hacer algo que no estaba bien a la vista del Señor. Le dijeron a Uzias que esta parte del servicio le fue dada a los sacerdotes, los descendientes de Aarón, porque había sido consagrados para quemar el incienso.

Uzias no tomo esta corrección y se enojo. ¡Mientras estaba enfurecido con el sacerdote, la lepra estallo en su frente! ¿Puedes imaginarte esto? La Escritura dice que Uzias salió del templo a toda prisa porque el Señor lo había afligido. ¡Dios tenga piedad de nosotros!

Finalmente, Uzías Murió de Lepra.

¡Separado, leproso y excluido!

"y habito leproso en una casa apartada, por lo que fue excluido de la casa de Jehová" (2 Crónicas 26:21b)

¿Qué Le Pasó al Rey Uzías?

No se sobre ti, pero cuando leo el final de Uzias, mi corazón se rompe por el final de este hombre. No estoy contento de que haya terminado así, y tantas preguntas me rodean mientras escribo esta parte de mi estudio.

He aconsejado a muchos que han sido afectados por las separaciones. Separaciones de matrimonio debido a diferencias en la relación. El dolor de estar separado de un individuo que una vez prometió no dejarte nunca y las promesas hicieron que este amor en particular fuera real que durara para siempre.

Separaciones de un esposo o esposa por muerte. Cuando he hablado con colegas o amigos que han perdido a su esposo o esposa debido a una larga enfermedad o un trágico accidente, ¡la emoción de ser abandonado puede ser tan abrumadora, que puede enviar incluso al mas espiritual, en picada!

Ahora, la separación del orden divino del Señor, este tipo de separación tiene que ser uno de los mas dolorosos, ya que trata con el Eterno y el destino. ¡Ser un pecador sin Dios es una cosa, pero ser siervo del Señor y quedar sin el favor de Dios sobre tu vida, es totalmente indescriptible! Nada puede medir la fealdad y la desesperación que uno siente cuando ha perdido el toque de Dios en su vida.

Ahora con respecto a Uzias, haber experimentado una vez e

asombroso poder de Jehová sobre su vida, y v literalmente a los ejércitos caer a izquierda y derecha por el poder de Dios, y terminar separado en una casa en algún lugar, leproso y desechado del templo de Dios, ¡Tiene que ser la experiencia mas dolorosa para cualquiera que haya probado la bondad de Dios!

¿Podría esto haberse evitado? ¿Podría el fuego de Dios en la vida de Uzias mantenerse encendido hasta la próxima generación?

El Fuego No es Automático

Creo que el hombre tiene que atender su propio fuego. Un hombre o una mujer de Dios deben estar constantemente en sintonía consigo mismo; siempre debe haber una sensibilidad espiritual al Padre y a sus deseos.

Uno siempre debe caminar bajo control y reconocer si esta en la fe o no. Esto también es parte de nuestro llamado en Dios. Aquí esta la sabiduría: ¡Siempre mantén el fuego encendido!

Capítulo 11

Judas Iscariote:
¡El Hombre Que Nunca Entró en el Fuego de Dios!

"Y dijo uno de sus discípulos, Judas Iscariote hijo de Simón, el que le había de entregar: ¿Por qué no fue este perfume vendido por trescientos denarios, y dado a los pobres? Pero dijo esto, no porque se cuidara de los pobres, sino porque era ladrón, y teniendo la bolsa, sustraía de lo que se echaba en ella." (San Juan 12:4-6)

Como hemos estado viendo los testimonios de los grandes hombres de Dios en el Antiguo Testamento, no podemos dejar de preguntarnos como fallaron tales ungidos y elegidos. ¿Cómo terminaron perdiendo todo lo que Dios les había prometido desde el principio y en gran medida, perdieron todo lo que Dios había planeado para ellos?

Es obvio para mi que el fuego del Señor es dado libremente por Dios, y al mismo tiempo somos responsables de mantener el fuego ardiendo dentro de nuestras almas. Es nuestra responsabilidad alcanzar a Dios y saber lo que El desea de nosotros!

Al meditar sobre varios ejemplos en el Antiguo Testamento de aquellos que perdieron el fuego, me di cuenta de que en el Nuevo Testamento varios hombres, siervos de Jesús, también fueron elegidos a mano para el servicio de Dios y perdieron el toque de Dios, o simplemente nunca entraron completamente en lo que el Señor había querido.

Por lo tanto, ralamente no importa quien es usted, en que periodo de tiempo vive, a que estado se adhiere todos los que son elegidos por el Señor, para arder en el fuego santo, también debe ser acerca de la conveniencia de cultivar el fuego de Dios en su ¡corazón! Esta es la tarea de todo siervo de Dios.

Judas Iscariote: El Tesorero

Quiero retomar mi estudio con un personaje en particular, su nombre Judas Iscariote.

¿Qué sabemos sobre Judas Iscariote? No sabemos mucho sobre el pero es suficiente para formar una opinión o incluso llegar a comprender por que un hombre que es defectuoso en su carácter puede abortar e propósito de Dios.

Cuando el Señor elige a un hombre es casi como si Dios le diera "palmaditas" en el hombre y le dijera: "Te necesito para un servicio en particular en mi trabajo."

Cuando escuchamos el llamado de Dios, avanzamos con santo

temor hacia todo lo que Dios desea (esta seria una actitud piadosa para cualquier siervo de Cristo). ¡Es el llamado de iniciación de Dios lo que nos distingue, pero es nuestra responsabilidad alterada lo que nos califica para el propósito!

¡Si no avanzamos hacia esta educación espiritual, tendremos un llamado sin fuego, sin pasión, sin celo y sin compromiso! Creo que esto es lo que Judas Iscariote experimento en su breve ministerio bajo Cristo el Señor.

Elegido a Mano Por el Mismo Jesús

Una cosa es segura sobre el hombre Judas Iscariote: (y esto no se puede debatir en mi opinión) ¡Jesús lo eligió! ¡Jesús escogió a este hombre para que le sirviera! No hay duda en la mente de nadie de que el Señor mismo coloco a Judas en el cargo.

Basado en la justicia de Cristo, sabemos que Jesús no cometió ningún error al elegir a Judas Iscariote. De hecho, cuando Dios escoge a mano cualquier persona para cualquier servicio, los equipa. Dios prepara al hombre a través de diferentes medios con el propósito de entrenarse en justicia. Algunos enfrentan adversidades, algunos enfrentan conflictos y tentaciones de todo tipo y algunos incluso encuentran el fracaso.

El sirviente bajo entrenamiento será probado en su carácter, su equilibrio emocional, su voluntad y en sus acciones. Todas estas áreas estarán bajo prueba hasta que Dios obtenga el resultado deseado en el. Luego viene el lanzamiento para una mayor oportunidad y fecundidad.

Ahora la historia comienza con Judas Iscariote uniéndose a los otros discípulos, todos ellos siguiendo a Jesús por toda Galilea y las regiones circundantes. Los doce de sus discípulos experimentaron a Cristo de primera mano. ¡Todos tenían asientos en primera fila! Al predicar, al ensenar, al ministrar en el poder del espíritu, al demonstrar compasión, amor y misericordia, estos siervos estaban llenos de todo ti de visión y expectativas del reino de Dios. Fue así durante un periodo de tres ano. ¿Se puede aprender algo de valor e tres anos? Creo que es muy posible.

¿Cuándo Aprenderemos?

Después de pasar un tiempo de calidad con los discípulos, Jesús comienza desafiarlos a caminar a un nivel superior. Abandonar sus vidas, esperanzas, y sueños para abrazar el propósito del Padre. Amar a Dios con todo su corazón mente y alma fue el clamor de Jesús hacia sus doce discípulos.

Judas Iscariote, no estoy seguro, pero solo pudo tratar de entender al hombre mientras caminaba de la mano de Jesús y los otros discípulos. ¿Qué estaba pasando realmente? ¿Realmente pensó que se uniría a la fuerza espiritual mas poderosa del universo y se iría con este carácter egoísta intacto? Yo creo que no. Jesús iba a probar a este hombre hasta la medula.

Realmente creo que Jesús conocía muy bien a Judas Iscariote. Lo conocía de adentro hacia afuera. Creo que el Señor sabia cual era realmente la debilidad carnal de este hombre. Como dice la escritura en 1 Juan 2:16, "Porque todo lo que hay en el mundo, los deseos de la carne, los deseos de los ojos, y la vanagloria de la vida…" ya había llegado al corazón de Judas Iscariote.

¡El Señor amaba a Judas Iscariote, pero Judas Iscariote amaba a Judas Iscariote mas que a nada ni nadie!

Podría haber habido un punto en la vida de Judas donde podría haber tenido lugar a un posible cambio de carácter, pero en realidad nunca sucedió. Estoy seguro de que mientras seguía a Cristo día tras día, había un ardor en su corazón. El debe haber pensado para si mismo: "Si puedo pasar mostrando mi cara de vez en cuando, ir a las reuniones de oración, ir de pueblo en pueblo, fingir que estoy en esto, entonces recogeré lo que sea en la caja de dinero. Debería estar bien."

¡Pero poco sabia que Jesús conocía su corazón!

¡Servicio Externo Sin Poder!

Judas Iscariote: ¡El Hombre Que Nunca Entró en el Fuego de Dios!

La escritura dice en Juan Que Judas Iscariote, , **"…era ladrón, y teniendo la bolsa, sustraía de lo que se echaba en ella."**

Uno podría preguntarse por que Jesús, siendo plenamente consciente de que este hombre era un ladrón, lo pondría a prueba convirtiéndolo en el tesorero. Nada sirve más al propósito de Dios que ser probado en el área o áreas que tanto codiciamos.

Cuando el Señor envío a los discípulos de dos en dos por las aldeas vecinas para hacer señales y maravillas, Judas Iscariote era parte de ese grupo. Ese el ministro por la palabra del Señor. Lo vio todo y lo probó todo. No había excusa en la vida de Judas Iscariote para haberle fallado a Jesús el Cristo.

Cuando el fuego de Dios se libera en nuestro corazón , somos realmente responsables de este mantenimiento. El Señor puede ofrecer su fuego e incluso tocarnos poderosamente, pero si no nos apropiamos de el, si no lo abrazamos, nunca nos afectara, y mucho menos a los demás.

Creo que este fue uno de los mayores desafíos de Judas. Quería el ministerio pero no el fuego. Quería las bendiciones externas pero no la unción interna. ¡Uno solo puede ir en la medida en que el poder de la carne va y luego simplemente morir!

Uno puede acercarse al fuego, pero nunca entrar en el fuego.

Judas Iscariote: ¡El Hombre Que Nunca Entró en el Fuego de Dios!

Esto siempre marcara la diferencia en el vaso del Señor. Es posible que deseemos ayudar de varias manas, tener deseos d ver el reino de Dios avanzar poderosamente, pero aun así estar con la llama eterna de Dios.

¡A menos que alguien sea tocado por el fuego de Dios, el mismo no ardera!

¡Se Trataba de Uno Mismo!

Todo lo que nace de Dios vence al mundo. ¡Todo lo que nace en el Espíritu del Señor esta contaminado por todas parte con las huellas digitales de Dios! **"El hombre mira la apariencia externa, pero Dios mira el corazón,"** dice las escrituras.

Jesús pudo notar la diferencia. Judas Iscariote no iba a engañar al Señor Jesucristo.

Al cerrar este capitulo, quiero volver a enfatizar que en el caso de Judas Iscariote, no fue que perdió el fuego. Simplemente nunca lo tuvo (al menos es mi humilde opinión). Su interés en seguir a Jesús era egoísta. Estaba cuidando sus propios sueños, planes, ambiciones y futuro. Sonaba con como podría "hacer conocer su nombre"

En la vida de Judas Iscariote, la clave fue obtener todo lo que pudo del ministerio del Señor Jesús por razones egoístas. En comparación directa, Juan el Bautista se movió por un espíritu diferente. Cuando le preguntaron a Juan el Bautista si el era el Cristo, ¡dijo que no! ¡de ninguna manera! ¡no! Cuando se le pregunto acerca de que el era mas grande que Cristo, dijo, **"Es necesario que el crezca, pero que yo mengue."** (San Juan 3:30)

Para terminar este capítulo, quiero decir que solo porque uno tiene talento, habilidades y dones especiales dados por Dios, ¡estos no sustituyen el fuego de Dios en nosotros! El regalo es una cosa, el fuego es otra. ¡Asegurémonos de cuando ministremos en su nombre, el fuego de Dios nos acompañe!

Capitulo 12

Demas:
¡El Hombre Que Abandonó a Dios Por Este Mundo Presente!

"Os saluda Lucas el medico amado, y Demas." (Colosense 4:14)

"Marcos, Aristarco, Demas y Lucas mis colaboradores." (Filemón 1:24)

"Procura venir pronto a verme, porque Demas me ha desamparado, amando este mundo, y se ha ido a Tesalónica…" (2 Timoteo 4:9,10a)

Demas: ¡Tocado Por el Fuego!

Al leer los diferentes textos anteriores, podemos observar que Demas obviamente fue elegido por Pablo para seguir en su ministerio.

No estoy seguro de los diferentes métodos de entrenamiento que Pablo uso para equipar a sus trabajadores, pero sin duda, Demas era un hombre que en un momento había tenido cualidades positivas y un gran potencial.

Demas: ¡El Hombre Que Abandonó a Dios Por Este Mundo Presente!

El apóstol Pablo eligió a este hombre para el servicio y estaba en camino de hacer una diferencia en el mundo conocido con el evangelio del reino.

Al estudiar las diferentes Epístolas de Pablo, veo que Pablo no era (al menos para mi) un tipo fácil para el cual trabajar o con quien trabajar. Tuvo sus peleas con Juan Marcos y algún alcalde de Bernabé, pero sin embargo, Pablo nunca bajo los estándares y expectativas de sus trabajadores.

El estándar era alto, y el compromiso fue sin duda, la clave para el trabajo del reino bajo la dirección de Pablo. Digamos que no cualquiera tuvo la oportunidad de unirse al equipo apostólico del Apóstol Pablo.

Por difícil que hubiera sido unirse al equipo del Pablo, Demas lo logro. Y viajo con Pablo.

La Lámpara Será Probada

Como descubrirá al leer las Epístolas de Pablo, encontrara desafíos que este gran apóstol tuvo que enfrentar. Hay innumerables adversidades que sucedieron durante su carrera como siervo de Jesús.

Desde ser acosado hasta ser apedreado por los enemigos de

Demas: ¡El Hombre Que Abandonó a Dios Por Este Mundo Presente!

Jesús, desde naufragios hasta cárceles, Pablo mantuvo la fe de principio a fin. Estoy seguro de que había temores y dudas, pero en todo esto, Pablo pudo navegar y mantenerse firme en el poder de Cristo.

No creo que fuera así para algunos de sus seguidores; de hecho, Demas resulto ser uno que no se "calmo".

En la carta a los Colosenses, Demas parece ser uno de los lideres que encabezaban un proyecto de Pablo. Su nombre aparece junto al de Lucas, el medico en el saludo de la carta. Para mi esto dice mucho.

Su nombre al frente de la carta significa que Demas estaba "arriba y arriba". Este hombre realmente se estaba moviendo con la agenda de Pablo y estaba haciendo las cosas en el reino. Al menos para mi parece que este hombre estaba enfocado en el blanco para avanzar en el reino de Dios.

No dudo que Demas estaba lleno del fuego durante la redacción de esta carta.

¿Se Esta Quedando Sin Gasolina?

Cuando uno comienza una carrera, cualquier tipo de carrera, un corredor inmaduro generalmente comenzara muy rápido y se "agotara" incluso antes de llegar a la mitad. Esto se debe a que e corredor puede carecer de experiencia. Por otro lado, un individuo que ha corrido carreras antes,, comprende la necesidad de "caminar" en una carrera. No usan toda su energía al principio, pero por el contrario, se controlan para conservar la energía durante la longevidad de la carrera y con un gran momento. ¡Una forma de sorprenderte y llevarte el trofeo a casa!

"Marcos, Aristarco, Demas y Lucas, mis colaboradores" (Filemón 1:24)

Cuando leí este verso en particular, esto es lo que note, el nombre de Demas apareció en la lista; paso del segundo lugar al tercer lugar. No se si la carta fue escrita así a propósito, o si Pablo podía sentir que este obrero cristiano se estaba quedando sin gasolina.

Demas fue conocido como un cambiador mundial en la carta a la iglesia en Celosas, pero ahora lo encontramos como uno mas del grupo en el equipo apostólico de Pablo. ¿Qué paso con su estado? ¿Qué esta pasando con su compromiso? ¿Qué le esta pasando al fuego que ardía en el?

El Presente Plan del Mundo

"Procura venir pronto a verme, porque Demas me ha aban-

danado habiendo amado este mundo, y se ha ido a Tesalónica..." (2 Timothy 4:9-10a)

En la carta a 2 Timoteo, que resulta ser la ultima epístola del apóstol Pablo, el menciona un poco de información acerca de su fe en Dios y de como el lo engaño con toda su vida. Exhorta a Timoteo a ser un soldado para Jesús y no mezclarse con el mundo.

Luego, Pablo le recuerda a Timoteo que trabaje duro para convertirse en un buen trabajador diligente y que se presente aprobado por Dios.

En el capitulo tres de 2 Timoteo, Pablo advierte que el final de los tiempos, las personas se convertirían en amantes de si mismos y amantes del dinero, jactanciosos, etc. A todo esto, Pablo le dice a Timoteo que tenga cuidado.

Aqui vemos que Pablo cierra su carta con una suplica: **"Se diligente en venir a mi rápidamente, porque Demas me ha abandonado, habiendo amado este mundo presente, y se ha ido..."**

Finalmente vemos el panorama general del fracaso de Demas el hombre siguió luchando hasta que no pudo superar las atracciones del mundo y todo lo que tenia para ofrecer. Demas finalmente dejo a Pablo por las atracciones del mundo.

Echemos un vistazo mas profundo a la parte que dice: **"amando este mundo."**

Para empezar, el mundo es un sistema corrupto; es una mentalidad corrupta que promueve el engrandecimiento personal. Demas dejo el ministerio del Señor por lo que el mundo podía darle. Sea lo que el mundo le ofreció, estoy seguro que no lo satisfizo ni un poco. Tal vez por algún tiempo, pero no por mucho tiempo. ¡Demas perdió la bendición de Dios por lo que el mundo pudiera darle!

¡No Ames al Mundo!

En 1 Juan 2:15-17 la escritura lee: **"No améis al mundo, ni las cosas que están en el mundo. Si alguno ama al mundo, el amor del Padre no esta en el. Porque todo lo que hay en el mundo, los deseos de la carne, los deseos de los ojos, y la vanagloria de la vida, no proviene del Padre, sino del mundo. Y e mundo pasa, y sus deseos; pero el que hace la voluntad de Dios permanece para siempre."**

El Apóstol Pablo dijo que Demas lo había "abandonado" por este mundo actual. El hecho es que no puedes mantener ardiendo el fuego de Dios, que es interno, mientras intentas mantener

Demas: ¡El Hombre Que Abandonó a Dios Por Este Mundo Presente!

el fuego del mundo, que es externo, ardiendo al mismo tiempo. Puede suceder, ¡pero no por mucho tiempo!

El apóstol Juan dijo, "No améis al mundo, ni las cosas que están en el mundo. Los deseos de la carne, los deseos de los ojos y la vanagloria de la vida no proviene del Padre, sino del mundo." Cualquier hombre o mujer de Dios que haya sido incendiado por el espíritu de Dios no es inmune a este tipo de caída. Esto puede sucederle al siervo as ungido de Dios, como fue el caso de Demas.

Tres cosas que el mundo usa para apagar el fuego en cualquier siervo de Dios:

Lujuria de la carne: La lujuria de la carne tiene que ver con la vieja naturaleza, esas cosas horribles que luchan contra todo lo que es santo y divino. La carne, nuestra vieja naturaleza tiene una agenda que se opone al plan, deseo y propósito de Dios ¡Se gloria en paralizar el potencial para que surja cualquier fruta del reino! Lucha y lucha para mantener la gloria de Dios confinada al caparazón de uno mismo.

Lujuria de los ojos: La lujuria de los ojos es nada mas y nada menos que lo que permitimos que entre por nuestros ojos. La Biblia dice que los ojos son la ventana del alma. Cualquier cosa que permitamos que entre, traerá consecuencias. Si permitimos que cosas buenas entren dentro de nosotros, seguramente daremos el fruto. Del mismo modo, si permitimos algo negativo dentro de nuestra alma, también dará su propio fruto.

El orgullo de la vida: ¡nada mata la humildad mas rápido que el deseo de ser tu propio dios! En el momento en que llegas al punto de que no necesitas a Dios en tu vida o su dirección, conocimiento y\o sabiduría, ¡es el momento en que tu vida se secara de inmediato!

Ya ves, la humildad es el altar sobre el cual se construye el fuego de Dios. ¡Sin este altar, el fuego de Dios no puede ser posible! El orgullo de la vida para mi es la búsqueda del agradecimiento personal. Dice: "¡Se tu propio dios, dirige tu propia vid!" Esto también será de corta duración.

Cultivar, Cultivar, Cultivar!

Demas fue primero tras la voluntad de Dios; el compro la eterna e impactante voluntad de Dios. Demas fue vendido con la idea de que la voluntad de Dios permanecería para siempre. ¡Lo sabia mejor! Sin embargo, en todo el entendimiento de las palabras de Juan (como esta escrito en 1 Juan 2:15-17), le toco la mente, pero no el corazón.

Tambien podemos considerar que su corazon si fue tocado por el

Demas: ¡El Hombre Que Abandonó a Dios Por Este Mundo Presente!

fuego de Dios por una temporada corta, pero como ya hemos estudiando - esta vida de fuego, se tiene que cultivar. Yo creo que Demas fracaso en esto. Su fuego se apago y como consecuencia, su ministerio termino juntamente con el futuro de su vida.

A cerrar este capitulo, cuando se trata de asuntos espirituales, uno debe recordar que es necesario cultivarlo. ¡lo que te lleva allí, te mantendrá allí!

Si la negligencia se apodera de tu vida, la vieja naturaleza reclamara sus motivos por defecto. Sigue cultivando, sigue conectado. Hay demasiado en juego para ti y para los que te siguen. Selah.

PARTE 3

EL APOSTOL PABLO: ¡UN HOMBRE DE FUEGO!

Lecciones de Cómo el Apostol Pablo Mantuvo Aun el Fuego Ardiendo a través de Una Vida de Quebrantamiento.

Capítulo 13

Saulo de Tarso:
¡Viviendo Una Vida de Fuego Sin Vida!

"Yo ciertamente había creído mi deber hacer muchas cosas contra el nombre de Jesús de Nazaret; lo cual también hice en Jerusalén. Yo encerré en cárceles a muchos de los santos, habiendo recibido poderes de los principales sacerdotes; y cuando los mataron, yo di mi voto. Y muchas veces, castigándolos en todas las sinagogas, los forcé a blasfemar; y enfurecido sobremanera contra ellos, los perseguí hasta las ciudades extranjeras. (Hechos 26:11-17)

Cuando pienso en lo que significa prestar servicio al Señor, las palabras que me vienen a la mente son celo, pasión y dedicación.

Honestamente creo que sin estos elementos en cualquier esfuerzo, ese esfuerzo nunca podría de la tierra y lograr lo que esta destinado hacer. Creo que necesita estos tres elementos para cualquier cosa que haga, para que su objetivo tenga éxito.

Es evidente que en la vida de Saulo de Tarso, había algo encendido; hubo evidencia de que algo fue inculcado a una edad muy temprana. Podría haber pasado por mentores, podría haber pasado por sus padres, podría haber llegado a través de su entrenamiento inicial bajo el gran Gamaliel.

Cualquiera que sea la razón detrás de la pasión de Saulo, era evidente que este hombre estaba ardiendo desde muy joven. Puedes sentir un fuego apasionado por muchas cosas en la vida. Saulo de Tarso lo tenia por la religión. Aquí es donde empezamos.

La Vida Temprana de Saulo de Tarso

Siendo que estamos tratando el tema en este libro de Inextinguible, continuare presentando esta poderosa filosofía y forma de vida.

Veo que este tema es mucho mas que una actitud y forma de vida es una posición valiente contra la oposición. Ser audaz y valiente una vez es impresionante, pero tener un actitud inextinguible durante toda la vida es admirable y digno de imitar.

Es evidente por lo que leemos en Saulo de Tarso que el era un joven celoso. La historia nos da una breve idea de la vida de Saúl. Déjanos ver…

Para empezar, podemos derivar la parte de la vida de Saúl del libro de la biblia Hechos y también de sus cartas como el Apóstol Pablo a las comunidades eclesiásticas que se le invoco para comenzar. Se cree que nació entre el 5 antes de Cristo al 5 después de Cristo.

El libro de Hechos nos dice que Saulo también era ciudadano romano de nacimiento. Era de una familia devota de la ciudad de Tarso, uno de los centros comerciales mas grandes de la costa mediterránea. Tarsos era conocido por sus universidades sin mencionar que Tarsos era también la ciudad mas influyente de Asia Menor.

Ahora Pablo (Saulo) se refirió a si mismo como "de la sepa de Israel, de la tribu de Benjamín, un hebreo de los hebreos y como tocando la ley, un fariseo"

La biblia dice muy poco de su familia o su familia extendida. En Romanos 16:7, declara que sus parientes, Andronico y Junias, eran cristianos antes que el, y eran prominentes entre los apóstoles.

La familia tenia una historia de piedad religiosa. Aparentemente, el linaje familiar había estado muy pegado a las tradiciones de los fariseos por generaciones. El libro de Hechos dice que el trabajaba haciendo carpas.

Junto con lo que sabemos de Saulo de Tarso, también aprendimos que cuando aun era muy joven, fue enviado a Jerusalén para recibir educación en la escuela de Gamaliel, una de las historias mas destacadas de los rabinos. La escuela se destaco por brindar a sus estudiantes una educación equilibrada, lo que probablemente le dio a Saulo (Pablo) una amplia exposición a la literatura y la ética.

Nada mas se sabe de los primeros años de Saulo hasta su parte activa en la lapidación de Esteban de Hechos 7.

Nadie confesara honestamente mas que Saulo de su odio que termina en la persecución de la iglesia de Cristo durante su día.

¡Saulo Se Encuentra con el Rey Jesús!

En e capitulo 1 de Gálatas, Pablo dice que Dios tenia todo planeado para el. En el tiempo de Dios, el Señor se revelo a el y lo llamo a predicar. No hay duda de que, desde su nacimiento, Dios había estado encendiendo en fuego a este joven. Mas tarde demostraría ser una de sus mejores actitudes y herramientas para plantar iglesias para Dios.

Creo que Dios hace cosas como esta. El colocará en nuestro ADN, las cualidades que provocan el celo, la pasión y el deseo de seguirlo con fuerza. Estoy sorprendido por la planificación y el tiempo de Dios.

Mientras tanto, Saulo continuo en su intento de detenerse en, ¡El camino!

¡En este momento de la historia, el ocio de Saulo había desaparecido del muro! Era un fariseo intelectual, pero con tanta ira y con la misión de alejar a la iglesia de Jesucristo. ¿Puedes imaginarte eso?

"Saulo, respirando aun amenazas y muerte contra los discípulos del Señor, vino al sumo sacerdote. Y le pidió cartas para la sinagogas de Damasco, repentinamente le rodeo un resplandor del cielo; y cayendo en tierra, oyó una voz que le decía: Saulo, Saulo, ¿Por qué me persigues? El dijo: ¿Quién eres, Señor? Y le dijo: Yo soy Jesús, a quien tu persigues; dura cosa te es dar coces contra el aguijón. El, temblando y temeroso, dijo: Señor, ¿que quieres que yo haga? Y el Señor le dijo: Levántate y entra en la ciudad, y se te dirá lo que debes hacer. Y los hombres que iban con Saulo se pararon atónitos, oyendo a la verdad la voz, mas sin ver a nadie. Entonces Saulo se levanto de tierra, y abriendo los ojos, no veía a nadie; así que ,llevándole por la mano, le metieron en Damasco. Donde estuvo tres días sin ver, y no comió ni bebió." (Hechos 9:1-9)

Siempre determinado a detener la iglesia de Jesucristo, ¡Saulo finalmente se encontró con el Maestro! ¡Un luz vino del cielo y detuvo a Saulo en seco! Que encuentro debe de haber sido este.

Saulo de Tarso: !Viviendo Una Vida de Fuego Sin Vida!

La palabra luz significa "resplandecer". La llama de Dios consumió la llama de la ira en el corazón de Saulo.

Querido amigo, lo que somos: nuestros talentos y habilidades no son nada sin el toque de Dios. ¡Podríamos pensar que lo tenemos todo junto pero sin el toque del Maestro, no tenemos ningún bienestar eterno!

Todo lo que hagamos fuera del toque de Dios será de corta duración; ¡Nos dejara rotos, desencantados, vacíos y anhelando la realidad!

¡En el caso de Saulo, la luz era tan poderosa que lo derribo de su caballo! Lo llevo a un nuevo lugar en la vida. Un lugar en el que Saulo nunca pensó que terminaría.

El toque fue tan asombroso que Saulo quedo ciego (de visión egoísta), magullado (dones de habilidad natural, talento intelectualmente) y roto (de corazón y sueños egoísta)
.
Señor, ¿Qué Quieres Que Haga?

Estas cinco palabras que leemos en el encabezado son las palabras de un nuevo corazón. Algo que antes no estaba allí, pero que acababa de mudarse. La actitud de complacer al Señor de todas las formas posibles, ahora amargo que Saulo tenia. ¡Nadie puede hacer esto por un individuo, solo el poder del fuego de Dios en el corazón del ser humano!

Siempre sabrás cuando un hombre ha sido alterado por Dios. Odiara todo lo que solía hacer y abrazara y amara todo lo que solía odiar.

Saulo de Tarso había nacido de nuevo por el Espíritu de Dios y estaba en camino de hacer historia perteneciendo al equipo de Dios.

El fuego de su vieja naturaleza se había consumido con el fuego de la naturaleza de Dios. ¡La prueba de esta experiencia en Dios llevo a Saulo a las partes mas remotas del mundo para brillar fervientemente por Jesucristo!

¡Saulo [Pablo] es Conocido por el Infierno!

"Pero respondiendo el espíritu malo, dijo: A Jesús conozco, y se quien es Pablo; pero vosotros, ¿Quiénes sois? (Hechos 19:15)

Escuche e testimonio del espíritu maligno sobre en quien se convertiría Saulo. Los espíritus malignos sabían quien era Saulo (ahora Pablo). Podrían verlo a millas de distancia. ¡Ya no era fariseo! ¡ya no intentaba ser el fariseo religioso mas listo! ¡ya no le importaba su estatus!

La filosofía de Pablo ahora era: **"Pero cuantas cosas eran para mi ganancia, las he estimado como perdida por amor a Cristo. Y ciertamente, aun estimo todas las cosas como perdida por la excelencia del conocimiento de Cristo Jesús, mi Señor, por amor del cual lo he perdido todo, y lo tengo por basura, para ganar a Cristo, y ser hallado en el, no teniendo mi propia justicia, que es por la ley, sino la que es por la fe de Cristo, la justicia que es de Dios por la fe; a fin de conocerle, y el poder de su resurrección, y la participación de sus padecimientos, llegando a ser semejante a el en su muerte, si alguna manera llegase a la resurrección de entre los muertos.** (Filipenses 3:7-11)

¡Que este sea el grito ardiente dentro de nuestros corazones mientras perseguimos con fuerzas su corazón! Selah

Capitulo 14

El Apóstol Pablo: ¡Un Fuego Sin Limites!

"... y por todos murió, para que los que viven, ya no vivan para si, sino para aquel que murió y resucito por ellos. (2 Corintios 5:15)

Fuego Inicial de Dios

Cuando Saulo de Tarso llego al palacio en el camino a Damasco y experimento el poder de Jesús por primera vez en su vida, ¡fue tan real como parece!

Estoy tan contento de que Saulo de Tarso no se encontró con el hombre, o un predicador, evangelista o un apóstol. Se encontró con el Hombre, Cristo Jesús, en vivo color. El que podía quitar la vergüenza, la culpa de la religión, y llenar el corazón malvado, todo en segundos, se encontró con El cara a cara.

Como un hombre o una mujer experimentan un encuentro con Dios al principio, es muy revelador de como navegaran a través de su fe cristiana. Cuando ha llegado lo "real", casi nunca hay espacio para nada falso que los aleje de una vocación ardiente. Cristo vive en mi

"**Con Cristo estoy juntamente crucificado, y ya no vivo yo, mas vive Cristo en mi; y lo que ahora vivo en la carne lo vivo en la fe del Hijo de Dios, el cual me amo y se entrego asi mismo por- mi."** (Gálatas 2:20)

Es evidente que para cuando Pablo escribió estas poderosas palabras en el libro de Gálatas, Pablo ya estaba experimentando revelaciones acerca del plan de Dios y el propósito de la iglesia de Dios. El fuego que estaba en Cristo estaba ahora sobre la vida de Pablo.

Pablo entendió que su vida no era nada sin el Cristo viviente. También sabia que Jesucristo ahora vivía dentro de el y lo llevaba a hacer hazañas. ¡Pablo era un hombre totalmente poseído por Dios!

Representar a Cristo como embajador seria la vida de Pablo ahora. Comenzaría un proyecto de construcción de imperio para Dios. Así como Cristo se movió sobre la tierra con la unción que Dios le había dado.

¡Un Apóstol de Jesús!

"Pablo, apóstol de Jesucristo por la voluntad de Dios, según la promesa de la vida que es en Cristo Jesús" (2 Timoteo 1:1)

El fuego de Dios ardió fervientemente en la vida de Pablo, llevándolo a muchos lugares geográficos. Con el toque de Dios sobre su vida, Pablo reconoció que Dios lo había elegido para la obra de un apóstol. Capacitar a los trabajadores, plantar iglesias y predicar el evangelio del reino de Dios, fue lo que hizo Pablo en su caminar con Dios.

Una de las cosas que he visto en un hombre que esta lleno del fuego es la forma en que el o ella lidera Tienen una certeza acerca de ellos, una confianza que es tan poderosa, que nada los disuadirá, Pablo era de tal carácter.

Cuando hayas sabido lo que Dios quiere de ti, cuando te des cuenta de la razón por la que fuiste creado… solo esta emoción, te llevara a lugares que nunca imaginas.

El fuego de Dios es la necesidad del momento. No mas ideas, no mas argumentos sobre perspectivas teológicas, no mas disculpas, sino un verdadero fuego que viene del cielo: esto y solo esto, puede llevar a un hombre o mujer al lugar donde necesita estar con Dios.

Para Que Yo Le Conozca

Obviamente, el fuego dentro del corazón de Pablo ardía en fuego tan profundo que lo convirtió en lo que se convirtió: en un verdadero servidor en el que se podía confiar.

Aunque Pablo hizo grandes hazañas y logros algo poderoso en el nombre de Jesús, no se detendría allí; ¡el fuego en el ardía por mucho mas!

Escuche su deseo y oración a medida que los desarrolla en su carta a los Filipenses: **"a fin de conocerle, y el poder de su resurrección, y la participación de sus padecimientos, llegando a ser semejante a el en su muerte. Si en alguna manera llegase a la resurrección de entre los muertos."** (Filipenses 3:10-11)

Pablo quería experimentar la plenitud de todo lo que Dios había preparado para el en esta vida. ¡No iba a vivir su vida con arrepentimientos, retiros o reservas! No señor. Pablo estaba decidido a hacer un esfuerzo adicional y dijo: " **¡A fin de conocerle!"**

¡Pablo quería conocer a Jesús de una manera mas profunda! Este debería ser el deseo de todo creyente nacido de nuevo.

Fuego Secular vs Fuego de Dios.

"Aunque yo tengo también de que confiar en la carne. Si alguno piensa que tiene de que confiar en la carne, yo mas: circuncidado al octavo día, del linaje de Israel, de la tribu de

Benjamín, hebreo de hebreos; en cuanto a la ley, fariseo; en cuanto a celo, perseguidor de la iglesia; en cuanto a la justicia que es en la ley, irreprensible. Pero cuantas cosas eran para mi ganancia, las he estimado como perdida por amor de Cristo. Y ciertamente, aun estimo todas las cosas como perdida por la excelencia del conocimiento de Cristo Jesús, mi Señor, por amor del cual lo he perdido todo, y lo tengo por basura, para ganar a Cristo." (Filipenses 3:4-8)

Lo que una vez fue ilusorio para Saulo de Tarsos; lo que una vez le dio a Saulo de Tarsos dignidad, aceptación humana y estatus; lo que le dio un lugar entre el gran movimiento farisaico, todos los elogios y toda la pompa, ya no lo tenia. ¡El fuego de Dios había venido y devoro toda la obra de la carne! ¿Ves por que necesitamos que el fuego de Dios arda en nosotros?

Pablo agrega en su carta, **"Pero cuantas cosas eran para mi ganancia, las he estimado como perdida por amor de Cristo."**

¿Que esta diciendo Pablo aquí? Esta diciendo que todos sus trofeos, todos sus sueños terrenales, todo eso, ya no importaban. Todos estos maravillosos logros que según los estándares terrenales fueron importantes en un momento, ahora no lo tenían. ¡Pablo estaba tan lleno de fuego que la carne se había apagado! ¿Por qué muchos no pueden liberarse de una multitud popular?

¿Un prometedor? ¿Una oportunidad para obtener ms reconocimiento por un logro? ¿Por qué no hay fuego divino a la vista? ¡Dado por muerto!

"Entonces vinieron unos judíos de Antioquia y de Iconio, que persuadieron a la multitud, y habiendo apedreado a Pablo, le arrestaron fuera de la ciudad, pensando que estaba muerto. Pero rodeándole los discípulos, se levanto y entro en la ciudad; y al día siguiente salió con Bernabé para Derbe." (Hechos 14:19-20)

Ahora el fuego de Dios te llevará a lugares donde los que no tienen fuego no irán, esto es un hecho. El fuego de Dios no ve limitaciones; la emoción y el entusiasmo humano siempre se cuestionan.

Pablo Predicó con Celo Santo y Fuego Santo.

Finalmente, algunos judíos no pudieron aguantar mas y persuadieron a las multitudes contra Pablo y lo apedrearon y lo sacaron de la ciudad, suponiendo que lo habían matado Te lo digo, a menos que el fuego de Dios arda intensamente dentro de ti, no lo lograrás.

Fue aquí donde realmente no sabemos si Pablo realmente murió o no, pero lo suficiente como para decir que después de orar por el, Pablo se levanto de nuevo y regreso a la ciudad. Fue a continuar la tarea que se propuso hacer. Es el fuego de Dios el que hará esto en ti.

Hoy muchos lideres renuncian. Se dan por vencidos porque el enemigo los golpeo. ¿Por qué la gente se rinde fácilmente? ¡No hay fuego! No te preguntes mas… si no hay fuego, ¡no hay deseo!

Uno habría pensado y le habría dicho a Pablo: "Pablo, tiene que ir mas despacio, ¡casi te matan el otro día!. Paul hizo oídos sordos y siguió moviéndose con el fuego santo.

¡Morir Por el Amor de Jesús!

"Al oír esto, le rogamos nosotros y los de aquel lugar, que no subiese a Jerusalén. Entonces Pablo respondió: ¿Qué hacéis llorando y quebrantándome el corazón? Porque yo estoy dispuesto no solo a se atado, mas aun a morir en Jerusalén por el nombre del Señor Jesús. Y como no le pudimos persuadir, desistimos, diciendo: Hágase la voluntad del Señor." (Hechos 21:12-14)

Uno de los pasajes mas intrigantes que he leído sobre el apóstol Pablo fue este.

El Apóstol Pablo: ¡Un Fuego Sin Límites!

En el libro de los Hechos, los hermanos están tratando de alentar a Pablo a que no visite Jerusalén, que no seria una buena idea, ya que era "buscado" y que la desgracia podría seguirlo allí.

Pero Pablo no se conmovió ni un poco. Nunca se inmuto ante sus palabras, sino que insistió aun mas. ¡Aquí hay un ejemplo en el que el fuego domina la emoción! ¡La voluntad de Dios domina la voluntad propia! Pablo dijo, **"¿Qué hacéis llorando y quebrantándome el corazón? Porque yo estoy dispuesto no solo a se atado, mas aun a morir en Jerusalén por el nombre del Señor Jesús."**

Me pregunto cuantas personas se sumarian a este tipo de vida. ¿Cuántos sucumbirían al voto popular? ¿Cuántos realmente saldrían adelante y harían la voluntad del Señor, incluso cuando parezca peligroso e inconveniente?

¡El fuego de Dios sin duda consumirá toda carne y pondrá las cosas en perspectiva para cualquiera que se lo permita! Invita Su fuego.

Capitulo 15

¡Secretos Detrás de Un Hombre de Fuego!

"Quiero que sepáis, hermanos, que las cosas que me han sucedido, han redundado mas bien para para el progreso del evangelio, de tal manera que mis prisioneros se han hecho patentes en Cristo en todo el pretorio, y a todos los demás. Y la mayoría de los hermanos, cobrando animo en el Señor con mis prisiones, se atreven mucho mas a hablar. (Filipenses 1:12-14)

Mientras estudiaba y meditaba sobre la vida del Apóstol Pablo, no puedo dejar de notar la intensidad que visitó a este gran siervo de Cristo. ¡Su vida fue una bola ardiente de fuego eterno!

Después de lidiar con algunas aflicciones anteriormente en su esfuerzo por tocar vidas para Cristo entre los judíos y los gentiles-!Pablo no estaba menos motivado ni menos perseverante por la causa de Cristo! Este es solo un pensamiento asombroso.

En el cristianismo de hoy, con demasiada frecuencia, los creyentes abandonan el servicio a Dios. Las razones ni siquiera son buenas excusas. La gente se ofende con otro cristiano, otros se enojan y algunos simplemente no pueden superar sus luchas personales con el pecado y el compromiso, descalificándose por completo.

Encadenado

En su carta a los Filipenses, el apóstol Pablo escribe sobre su experiencia de estar en la cárcel. Aunque las cosas parecían sombrías para esto, mirando desde afuera hacia adentro, Pablo estaba lleno de emoción y la gran oportunidad de predicar el evangelio y extenderlo, a pesar de estar en tal estado.

En Filipenses dice: **"Porque se que por vuestra oración y a suministración del Espíritu de Jesucristo, esto resultara en mi liberación, conforme a mi anhelo y esperanza de que en nada seré magnificado; antes bien con toda confianza, como siempre, ahora también será magnificado Cristo en mi cuerpo, o por vida o por muerte. Porque para mi el vivir es Cristo, y e morir es ganancia."** (Filipenses 1:19-21)

Un hombre o una mujer de fuego casi nunca piensa en si mismos. De hecho, Pablo estaba hablando de magnificar a Cristo en su cuerpo, ya sea por vida o por muerte. Obviamente, las condiciones eran adversas, pero la condición del corazón de Pablo estaba puesta en glorificar a Cristo de cualquier manera en que se encontrara, ya sea viviendo o muriendo.

En esencia, Pablo estaba diciendo: "!No voy a perder en el trato!

Si vivo, obtengo mas de Cristo". ¿Qué hizo que Pablo pensara de esta manera? ¡El fuego de Dios en el!

¡Regocijaos!

"Regocijaos en el Señor siempre. Otra vez digo: ¡Regocijaos!. Vuestra gentileza sea conocida de todos los hombres. El Señor esta cerca. Por nada estéis afanosos, sino sean conocidas vuestras peticiones delante de Dios en toda oración y ruego, con acción de gracias. Y la paz de Dios, que sobrepasa todo entendimiento, guardara vuestros corazones y vuestros pensamientos en Cristo Jesús." (Filipenses 4:4-7)

Mientras Pablo se sienta en la cárcel, comienza a escribir cartas de consuelo y seguridad a los siervos de Dios que están afuera. Un corazón que es encendido por Dios, no ve la oposición como algo en lo que enfocarse. ¡Pablo esta ardiendo con santo celo, no se calmara!

Pudo haber sentido mucha pena por si mismo dentro de la cárcel. Pudo haberse quejado con Dios respecto a su estado actual. ¡Pudo haber culpado a Dios por esto o aquello! ¡Pero no! Lo vio todo como la forma en que Dios extendía su gloria a través de el en la tierra. Gloria al Rey Jesús.

Continua diciendo: **"Por nada estéis afanosos, sino en todo**

tiempo orad". ¿Cuan poderosa es la condición del corazón de Pablo? ¿Cuan profunda es la revelación de Cristo en el? ¿Qué tan intenso es el fuego de Dios en el?

En Aflicciones

"¿Son hebreos? Yo también. ¿Son israelitas? Yo también. ¿Son descendientes de Abraham? Yo también. ¿Son ministros de Cristo? (Como si estuviera loco hablo.) Yo mas; en trabajos mas abundante; en azotes sin numero; en cárceles mas; en peligros de muerte muchas veces. De los judíos cinco veces he recibido cuarenta azotes menos uno. Tres veces he sido azotado con varas; una vez apedreado; tres veces he estado como naufrago en alta mar; en caminos muchas veces; en peligros de ríos, peligros de ladrones, peligros de los de mi nación, peligros de los gentiles, peligros en la ciudad, peligros en el desierto, peligros en el mar, peligros entre falsos hermanos; en trabajo y fatiga, en muchos desvelos, en hambre y sed, en muchos ayunos, en frio y en desnudez; y además de otras cosas, lo que sobre mi se agolpa cada día, la preocupación por todas las iglesias. En Damasco, el gobernador de la provincia del rey Aretas guardaba la ciudad de los damascenos para prenderme; y fui descolgado del muro en un canasto por una ventana, y escape de sus manos. Ciertamente no me conviene gloriarme; pero vendré a las visiones y a las revelaciones del Señor. Conozco a un hombre en Cristo, que hace catorce anos (si en el cuerpo, no lo se; si fuera del cuerpo, no lo se; Dios lo sabe) fue arrebatado hasta el tercer cielo. Y conozco al tal hombre (si en el cuerpo, so lo se; Dios lo sabe) que fue arrebatado al paraíso, donde oye palabras inefables que no le es dado al hombre expresar. De tal hombre me gloriare; pero de mi mismo en nada me gloriare, sino en mis debilidades. Sin embargo, si quisiera gloriarme, no seria insensato, porque diría la verdad; pero lo dejo, para que nadie piense de mi mas de lo que en mi ve, u oye de mi. Y me ha dicho: Bástate mi gracia; porque mi poder se perfecciona en la debilidad. Por tanto, de buena gana me gloriare mas bien en mis debilidades, para que repose sobre mi el poder de Cristo. Por los cual, por amor a Cristo me gozo en las debilidades, en afrentas, en necesidades, en persecuciones, en angustias; porque cuando soy débil, entonces soy fuerte. Me he hecho un necio al gloriarme; vosotros me obligasteis a ellos, pues yo debía ser alabado por vosotros; porque en nada he sido menos que aquellos grandes apóstoles, aunque nada soy."** (2 Corintios 11:22-28;11:32-12:11)

Después de correr con la voluntad de Dios y el fuego de Dios en su corazón durante años, Pablo termina sus escritos diciendo y testificando que había peleado la buena batalla, que había terminado la carrera y mantenido la fe. Procedió a decir que ahora se le había guardado una corona de justicia que el Señor le había prometido. Que hombre de Dios, que hombre de fuego.

- *¡El fuego te llevará a través de tu adversidad!*

¡Al cerrar este capítulo en particular, quiero decir que el fuego de Dios está reservado para aquellos que toman en serio el "arder" por Dios! Aquellos que ven la prueba y las pruebas de la vida como una oportunidad de crecimiento, revelación y un quebrantamiento mas profundo.

- *¡El fuego te ayudará a pelear la buena batalla!*

Cuando uno se cansa de la lucha, cuando sientes las ganas de dejarlo todo y no alcanzar o ayudar a los perdidos debido a circunstancias desfavorables, cuando cree que su tiempo en la tierra ha terminado debido al desanimo, déjeme decirle que el fuego de Dios lo hará. ¡llevarte a través de la pelea! Es el fuego de Dios el que te dará poder y te cubrirá con su sombra para conquistar. ¡Llénate del fuego de Dios!

- *¡El fuego te ayudará a terminar tu carrera!*

Como comienzas una carrera no es tan importante a como la terminas. Todos podemos empezar con ventaja en la vida, pero no todo el mundo siempre terminará bien. ¡Muchos abandonan demasiado pronto! Muchos son derrotados por las mentiras y los planes del diablo, pero aquellos que perseveran hasta el final, cosecharán su recompensa.

Capitulo 16

"¡Dejenme Arder Por Dios!"

"Déjame arder para Dios. Después de todo, sea lo que sea lo que Dios designe, la oración es lo mas importante. !Oh, que pueda ser un hombre de oración!"
-Henry Martyn (1718-1812)

Al leer algunas de las notas del gran siervo de Dios, Henry Martyn, mi corazón se despierta con el deseo y la pasión de ser un hombre de fuego. No puedo decir que haya alcanzado ese nivel, pero como solía decir mi mentor, "!Estoy trabajando en eso!"

¡Cegado por el Fuego!

Mientras contemplaba la finalización de este manuscrito, pensando y meditando en como quería cerrar este último capítulo, volví a mis comienzos como un hombre abrazado, celoso y apasionado, que no tenia nada mas que a Dios, y no quería nada mas que Dios.

Fueron estas emociones, junto con la unción y la fe de Dios, las que me hicieron cruzar puentes, dar pasos hacia lo desconocido, aguantarme cuando era mas conveniente no hacerlo y seguir tocando hasta que se me abriera algún tipo de puerta.

"¡Dejenme Arder Por Dios!"

Al principio, pensé que había perdido la cabeza cuando deje mi trabajo para seguir a Jesús. Recuerdo haber escuchado este himno en particular por primera vez, me revoluciono totalmente y puso mi rumbo en un camino interminable de fuego:

Escuche al Señor de la cosecha llamando dulcemente,
"¿Quién ira a trabajar hoy por mi?
¿Quién me traerá a los perdidos y moribundos?
¿Quién les señalará el camino angosto?"

Habla, mi Señor, habla, mi Señor,
Habla y me apresurare a responderte;
Habla, mi Señor, habla, mi Señor,
Habla y yo responderé: "Señor envíame."

Cuando el carbón del fuego toco al profeta,
Haciéndolo tan puro como puede ser,
Cuando la voz de Dios dijo: "¿Quién ira por nosotros?"
Luego respondió: "Aquí estoy, envíame".
Millones ahora en pecado y vergüenza están muriendo,
Escuchen su llanto triste y amargo;
Apresúrate, hermano, apresúrate al rescate;
Responda rápidamente: "Maestro, aquí estoy".

Pronto se acabara el tiempo de la siega;
Pronto nos reuniremos para la cosecha en casa;

Que el Señor de la cosecha nos sonríe,
Que escuchemos su bendición, "Hijo, bien hecho".
                                    -George Bennard (1873-1958)

Desde el día en que escuche un corazón tan ferviente y apasionado, mi propio corazón nunca volvió por algo menos. ¡Casi parecía que el fuego me cegaba de mirar atrás! Todo el miedo se había ido; toda inseguridad quitada; toda duda borrada, nada de eso quedo, nada mas que un fuego ardiente para hacer lo que agrado al Padre.

¡Cruces de Caminos en el Camino del Fuego!

Cualquiera que decida seguir a Jesús de todo corazón, sabe que debe precederle una vida de entrega. No puedes seguir a Jesús y también hacerlo "a tu manera". Eso conducirá a un gran conflicto en su alma y espíritu.

Caminar con Jesús esta llenos de encrucijadas. Si, existen esas "bifurcaciones" espirituales en el camino cuando debes elegir un camino u otro. Esto solo sucederá un a vez, sino a menudo.

Habrá innumerables ocasiones en las que ustedes y yo seremos desafiados a dar pasos de fe incomodos.

Si ha estado caminando con Dios por algún tiempo, sabe muy

bien que no puede ver el camino de Dios con una visión natural. Se necesita visión espiritual para discernir y seguir la dirección de Dios. El profeta Isaías dijo: **"Entonces tus oídos oirán a tus espaldas palabra que diga: Este es el camino, andad por el; y no echéis a la mano derecha, ni tampoco torzáis a la mano izquierda."** (Isaías 30:21)

Podemos estar seguros de que si seguimos el corazón de Dios, ¡El siempre nos guiara de la mejor manera, ¡siempre!

A medida que el fuego de Dios nos lleva a lugares desconocidos (ya sean espirituales o geográficos), uno no debe apagar el fuego de Dios. Es el fuego de Dios que va delante de nosotros y quema a todos sus enemigos; no tenemos nada que temer si permanecemos dentro de la esfera de su fuego.

¡Cuando el Fuego Prueba Tu Fe!

No paso mucho tiempo después de que entre en el ministerio de tiempo completo que comenzaron las pruebas. Realmente había disfrutado el periodo de la "luna de miel", ¡pero no pensé que mi "luna de miel" seria tan corta!

Después de orar durante meses para que nuestro ministerio creciera y aumentara económicamente, no paso nada. Las facturas subían y el aire acondicionado se averió. La época de verano en nuestra región es extremadamente caluroso (de hecho uno de mis amigos dijo: '!De hecho, puedes ver el infierno desde la azotea de la iglesia!'). Así que imagina estar en un edificio de bloques cilíndricos sin ventanas a 105 grados de temperatura y tratado de cantar y predicar sin ventilación.

Fue durante este tiempo que las cosas se pusieron realmente difíciles y empeoraron cada vez mas.

Un día llegue a casa después de un día agotador de experimentar y nada que esperar, cuando pensé seriamente: '"¿Qué error he cometido al dejar mi trabajo bien pagado?' ¿Qué estaba pensando?"

Ese mismo día revise mi buzón y, para mi sorpresa, alguien me había enviado una carta que estaba en tres partes. Dentro de la carta había una palabra de aliento junto con un extracto de la autobiografía de George Mueller. Además, con mi carta un billete de $5.

Cuando abrí la carta comencé a leer las palabras en ella, el escritor me advirtió que no fuera a "Egipto" en busca de ayuda, sino que confiara en el que me había llamado al ministerio. La carta decía que Dios me sostendría y me mantendría en todo momentos. Que permaneciera fiel y confiara en Dios con mi vida y ministerio. Hasta el día de hoy, todavía no se quien me envió

"¡Dejenme Arder Por Dios!"

esa carta.

Estaba tan destrozado por la carta personal y el extracto de la vida de George Mueller. ¡También debo agregar que este fue uno de los encuentros mas poderosos con Dios que me ayudo a alinear todo mi ministerio y a continuar buscando mas del fuego de Dios en mi vida!

¿Porque el Titulo, Inextinguible?

Dividí este manuscrito en tres partes como ya has leído: Creado para Arder, ¿A dónde se fue el fuego y El apóstol Pablo: ¡Un hombre de fuego!

Mientras meditaba en el corazón del Señor para recibir este mensaje, sentí que el Espíritu de Dios me decía: "Comparte todo lo que he hecho en ti. Menciona como comenzó todo. Habla sobre el fuego que te he inculcado y como te e llevado a varios lugares."

Además, el Señor me dijo que escribiera sobre los diversos personajes bíblicos que experimentaron el fuego pero luego lo perdieron. Esta fue un aparte desafiante, ya que todos hemos estado en el lugar de la prueba colgado del hilo de gracia.

Para terminar este libro, Dios me dijo que hablara del gran

apóstol Pablo. Su vida de fariseo, su vida de seguidor de Jesús y sus innumerables hornos de pruebas y dolor.

Para resumirlo todo: Dios dijo: "David, Pablo paso por muchas adversidades; sin embargo, ¡nunca se consumió, ni se rindió conmigo! Tu puedes hacer lo mismo. Vive una vida inextinguible, como mi siervo Pablo!

¡Mi Oración por Ti!

Mi oración es que su corazón sea tocado y conmovido y desafiado por mas del fuego de Dios en tu propia vida. Ese ha sido el grito de mi corazón desde el día en que Dios me toco; sigue siendo el deseo y la pasión de mi corazón, no solo para mi, ¡sino por todo lo que hago para Jesús!

Que su corazón arda por mas de El hasta que todos ustedes estén envueltos en su fuego santo; luego diga con gran convicción, como Henry Martyn, *"!Déjame arder por nuestro Dios!"*

Información de Ministerio

Para obtener mas información sobre el ministerio de Masterbuilder Ministries, Inc., predicas, seminarios de liderazgo, conferencias o instituto Biblico, por favor de escribir a nuestro correo electrónico a David Mayorga:

david_mayorga@sbcglobal.net
mayorga1126@gmail.com

Para visitar nuestras páginas de internet:
:
www.masterbuildertx.com
www.dmayorga.com
www.shabarpublications.com

Puede localizar nuestras oficinas a este domicilio::

Masterbuilder Ministries, Inc.
3833 N. Taylor Rd.
Palmhurst, Texas 78573

Otros Libros Escritos por David Mayorga

THE FEW
A Call to the Road Less Traveled-The Call to Intimacy with God

ISBN - 9780999171004

LOS POCOS
Un Llamado al Camino Menos Transitado - El Llamado a la Intimidad Con Dios.
(*Spanish Version of The Few.*)

ISBN - 9780999171028

THE HEART OF DAVID JOURNAL VOLUME 1
(Hardback)

ISBN - 9780999171035

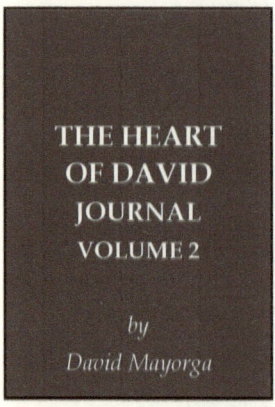

THE HEART OF DAVID JOURNAL VOLUME 2
(Hardback)

ISBN - 9780999171059

THE VALUE OF THE ELEMENTS

ISBN - 978099917104

ALL BOOKS AVAILABLE AT

www.shabarpublications.com

www.ingramcontent.com/pod-product-compliance
Lightning Source LLC
Chambersburg PA
CBHW021108080526
44587CB00010B/439